RICHARD SENNETT

1943'te Chicago'da doğdu. 1964'te Chicago Üniversite-si'nden mezun oldu. 1969'da H...
doktorasını verdi. N...
profesörü, İnsan Araşt...
litika Araştırmaları N...
olarak çalıştı. Çocukl...
halen New York'ta baz...
tadır. *The New York Ti...*
Review of Books'a sık s...
lelerin hayatı ve toplun... ...çok kitap
yazmıştır.

BAŞLICA YAPITLARI: (Editör ve katkıda bulunan olarak) *Classic Essays on the Culture of Cities* (1969); *Nineteenth Century Cities* (1969); *Families Against the City: Middle Class Homes of Industrial Chicago* (1970); *The Uses of Disorder* (1970); (Jonathan Cobb'la birlikte) *The Hidden Injuries of Class* (1972); (editör olarak) *The Psychology of Society: An Anthology* (1977); (Alain Touraine, T.B. Bottomore ve diğerleriyle birlikte) *Beyond the Crisis Society* (1977); *Authority* (1980); [*Otorite*, çev.: K. Durand, Ayrıntı Yay., 1992]; *The Conscience of The Eye. The Design and Social Life of Cities* (1990) [*Gözün Vicdanı. Kentin Tasarımı ve Toplumsal Yaşam*, çev.: Süha Sertabiboğlu-Can Kurultay, Ayrıntı Yay., 1999]; *The Fall of Public Man* (1992) [*Kamusal İnsanın Çöküşü*, çev.: Serpil Durak-Abdullah Yılmaz, Ayrıntı Yay., 2002]; *Flesh and Stone. The Body and the City in Western Civilization* (1994) [*Ten ve Taş. Batı Uygarlığında Beden ve Şehir*, çev.: Tuncay Birkan, Metis Yay., 2002]; *The Corrosion of Character-The Personal Consequences of Work in The New Capitalism* (1998) [*Karakter Aşınması-Yeni Kapitalizmde İşin Kişilik Üzerindeki Etkileri*, çev.: Barış Yıldırım, Ayrıntı Yay., 2002] ve *Respect in a World of Inequality* [*Saygı-Eşit Olmayan Bir Dünyada*, çev.: Ümmühan Bardak, Ayrıntı Yay., 2005]. Ayrıca üç romanı vardır: *Palais Royal* (1986), *An Evening of Brahms* (1984) ve *The Frog Who Dared to Croak* (1982).

Ayrıntı: 527
İnceleme dizisi: 226

Yeni Kapitalizmin Kültürü
Richard Sennett

İngilizceden çeviren
Aylin Onacak

Yayıma hazırlayan
Erkan Kayılı

Kitabın özgün adı
The Culture of the New Capitalism

Yale University/2006
basımından çevrilmiştir.

Kapak düzeni
Arslan Kahraman

Düzelti
Füsun Demiralp

Baskı ve cilt
Mart Matbaacılık Sanatları (0 212) 321 23 00 (Pbx)
Mart Plaza Merkez Mah. Ceylan Sk. No: 24 80360 Nurtepe/Kağıthane-İstanbul

Birinci basım *2009*

Baskı adedi *2000*

ISBN 978-975-539-525-8
SERTİFİKA NO 10704

AYRINTI YAYINLARI
Hobyar Mah. Cemal Nadir Sok. No: 3 Eminönü - İstanbul
Tel.: (0212) 512 15 00 - 01 - 05 Fax: (0212) 512 15 11
www.ayrintiyayinlari.com.tr & info@ayrintiyayinlari.com.tr

Richard Sennett

Yeni Kapitalizmin Kültürü

AYRINTI

İ N C E L E M E D İ Z İ S İ

YEŞİL POLİTİKA/J. *Porritt* · MARKS, FREUD VE GÜNLÜK HAYATIN ELEŞTİRİSİ/*B. Brown* · KADINLIK ARZULARI/*R. Coward* · NASIL SOSYALİZM? HANGİ YEŞİL? NİÇİN TİNSELLİK?/*R. Bahro* · İKİBİN'E DOĞRU/*R. Williams* · YARIN/*R. Havemann* · DEVLETE KARŞI TOPLUM/*P. Clastres* · EDEBİYAT KURAMI/*T. Eagleton* · EZİLENLERİN PEDAGOJİSİ/*P. Freire* · SANAYİ SONRASI ÜTOPYALAR/*B. Frankel* · İŞKENCEYİ DURDURUN!/*T. Akçam* · ZORUNLU EĞİTİME HAYIR!/*C. Baker* · SESSİZ YIĞINLARIN GÖLGESİNDE YA DA TOPLUMSALIN SONU/*J. Baudrillard* · ÖZGÜR BİR TOPLUMDA BİLİM/*P. Feyerabend* · VAHŞİ SAVAŞÇININ MUTSUZLUĞU/*P. Clastres* · GÖSTERİ TOPLUMU VE YORUMLAR/*G. Debord* · AĞIR ÇEKİM/*L. Segal* · CİNSEL ŞİDDET/*A. Godenzi* · ALTERNATİF TEKNOLOJİ/*D. Dickson* · ATEŞ VE GÜNEŞ/*I. Murdoch* · OTORİTE/*R. Sennett* · TOTALİTARİZM/*S. Tormey* · İSLAM'IN BİLİNÇALTINDA KADIN/*F. Ayt Sabbah* · MEDYA VE DEMOKRASİ/*J. Keane* · ÇOCUK HAKLARI/*Der: B. Franklin* · ÇÖKÜŞTEN SONRA/*Der: R. Blackburn* · SINIRLARI YIKMAK/*M. Mellor* · KAPİTALİZM, SOSYALİZM, EKOLOJİ/*A. Gorz* · AVRUPAMERKEZCİLİK/*S. Amin* · AHLÂK VE MODERNLİK/*R. Poole* · GÜNDELİK HAYAT KILAVUZU/*S. Willis* · SİVİL TOPLUM VE DEVLET/*Der: J. Keane* · TELEVİZYON: ÖLDÜREN EĞLENCE/*N. Postman* · MODERNLİĞİN SONUÇLARI/*A. Giddens* · DAHA AZ DEVLET DAHA ÇOK TOPLUM/*R. Cantzen* · GELECEĞE BAKMAK/*M. Albert - R. Hahnel* · MEDYA, DEVLET VE ULUS/*P. Schlesinger* · MAHREMİYETİN DÖNÜŞÜMÜ/*A. Giddens* · TARİH VE TİN/*J. Kovel* · ÖZGÜRLÜĞÜN EKOLOJİSİ/*M. Bookchin* · DEMOKRASİ VE SİVİL TOPLUM/*J. Keane* · ŞU HAİN KALPLERİMİZ/*R. Coward* · AKLA VEDA/*P. Feyerabend* · BEYİN İĞFAL ŞEBEKESİ/*A. Mattelart* · İKTİSADİ AKLIN ELEŞTİRİSİ/*A. Gorz* · MODERNLİĞİN SIKINTILARI/*C. Taylor* · GÜÇLÜ DEMOKRASİ/*B. Barber* · ÇEKİRGE/*B. Suits* · KÖTÜLÜĞÜN ŞEFFAFLIĞI/*J. Baudrillard* · ENTELEKTÜEL/*E. Said* · TUHAF HAVA/*A.Ross* · YENİ ZAMANLAR/*S. Hall-M. Jacques* · TAHAKKÜM VE DİRENİŞ SANATLARI/*J.C. Scott* · SAĞLIĞIN GASPI/*I. Illich* · SEVGİNİN BİLGELİĞİ/*A. Finkielkraut* · KİMLİK VE FARKLILIK/*W. Connolly* · ANTİPOLİTİK ÇAĞDA POLİTİKA/*G. Mulgan* · YENİ BİR SOL ÜZERİNE TARTIŞMALAR/*H. Wainwright* · DEMOKRASİ VE KAPİTALİZM/*S. Bowles-H. Gintis* · OLUMSALLIK, İRONİ VE DAYANIŞMA/*R. Rorty* · OTOMOBİLİN EKOLOJİSİ/*P. Freund-G. Martin* · ÖPÜŞME, GIDIKLANMA VE SIKILMA ÜZERİNE/*A. Phillips* · İMKÂNSIZIN POLİTİKASI/*J.M. Besnier* · GENÇLER İÇİN HAYAT BİLGİSİ EL KİTABI/*R. Vaneigem* · EKOLOJİK BİR TOPLUMA DOĞRU/*M. Bookchin* · İDEOLOJİ/*T. Eagleton* · DÜZEN VE KALKINMA KISKACINDA TÜRKİYE/*A. İnsel* · AMERİKA/*J. Baudrillard* · POSTMODERNİZM VE TÜKETİM KÜLTÜRÜ/*M. Featherstone* · ERKEK AKIL/*G. Lloyd* · BARBARLIK/*M. Henry* · KAMUSAL İNSANIN ÇÖKÜŞÜ/*R. Sennett* · POPÜLER KÜLTÜRLER/*D. Rowe* · BELLEĞİNİ YİTİREN TOPLUM/*R.Jacoby* · GÜLME/*H. Bergson* · ÖLÜME KARŞI HAYAT/*N. O. Brown* · SİVİL İTAATSİZLİK/*Der.: Y. Coşar* · AHLÂK ÜZERİNE TARTIŞMALAR/*J. Nuttall* · TÜKETİM TOPLUMU/*J. Baudrillard* · EDEBİYAT VE KÖTÜLÜK/*G. Bataille* · ÖLÜMCÜL HASTALIK UMUTSUZLUK/*S. Kierkegaard* · ORTAK BİR ŞEYLERİ OLMAYANLARIN ORTAKLIĞI/*A. Lingis* · VAKİT ÖLDÜRMEK/*P. Feyerabend* · VATAN AŞKI/*M. Viroli* · KİMLİK MEKÂNLARI/*D. Morley-K. Robins* · DOSTLUK ÜZERİNE/*S. Lynch* · KİŞİSEL İLİŞKİLER/*H. LaFollette* · KADINLAR NEDEN YAZDIKLARI HER MEKTUBU GÖNDERMEZLER?/*D. Leader* · DOKUNMA/*G. Josipovici* · İTİRAF EDİLEMEYEN CEMAAT/*M. Blanchot* · FLÖRT ÜZERİNE/*A. Phillips* · FELSEFEYİ YAŞAMAK/*R. Billington* · POLİTİK KAMERA/*M. Ryan-D. Kellner* · CUMHURİYETÇİLİK/*P. Pettit* · POSTMODERN TEORİ/*S. Best-D. Kellner* · MARKSİZM VE AHLÂK/*S. Lukes* · VAHŞETİ KAVRAMAK/*J.P. Reemtsma* · SOSYOLOJİK DÜŞÜNMEK/*Z. Bauman* · POSTMODERN ETİK/*Z. Bauman* · TOPLUMSAL CİNSİYET VE İKTİDAR/*R.W. Connell* · ÇOKKÜLTÜRLÜ YURTTAŞLIK/*W. Kymlicka* · KARŞIDEVRİM VE İSYAN/*H. Marcuse* · KUSURSUZ CİNAYET/*J. Baudrillard* · TOPLUMUN McDONALDLAŞTIRILMASI/*G. Ritzer* · KUSURSUZ NİHİLİST/*K.A. Pearson* · HOŞGÖRÜ ÜZERİNE/*M. Walzer* · 21. YÜZYIL ANARŞİZMİ/*Der.: J. Purkis & J. Bowen* · MARX'IN ÖZGÜRLÜK ETİĞİ/*G. G. Brenkert* · MEDYA VE GAZETECİLİKTE ETİK SORUNLAR/*Der.: A. Belsey & R. Chadwick* · HAYATIN DEĞERİ/*J. Harris* · POSTMODERNİZMİN YANILSAMALARI/*T. Eagleton* · DÜNYAYI DEĞİŞTİRMEK ÜZERİNE/*M. Löwy* · ÖKÜZÜN A'SI/*B. Sanders* · TAHAYYÜL GÜCÜNÜ YENİDEN DÜŞÜNMEK/*Der.: G. Robinson & J. Rundell* · TUTKULU SOSYOLOJİ/*A. Game & A. Netcalfe* · EDEPSİZLİK, ANARŞİ VE GERÇEKLİK/*G. Sartwell* · KENTSİZ KENTLEŞME/*M. Bookchin* · YÖNTEME KARŞI/*P. Feyerabend* · HAKİKAT OYUNLARI/*J. Forrester* · TOPLUMLAR NASIL ANIMSAR?/*P. Connerton* · ÖLME HAKKI/*S. İnceoğlu* · ANARŞİZMİN BUGÜNÜ/*Der.: Hans-Jürgen Degen* · MELANKOLİ KADINDIR/*D. Binkert* · SİYAH 'AN'LAR I-II/*J. Baudrillard* · MODERNİZM, EVRENSELLİK VE BİREY/*Ş. Benhabib* · KÜLTÜREL EMPERYALİZM/*J. Tomlinson* · GÖZÜN VİCDANI/*R. Sennett* · KÜRESELLEŞME/*Z. Bauman* · ETİĞE GİRİŞ/*A. Pieper* · DUYGUÖTESİ TOPLUM/*S. Mestroviç* · EDEBİYAT OLARAK HAYAT/*A. Nehamas* · İMAJ/*K. Robins* · MEKÂNLARI TÜKETMEK/*J. Urry* · YAŞAMA SANATI/*G. Sartwell* · ARZU ÇAĞI/*J. Kovel* · KOLONYALİZM POSTKOLONYALİZM/*A. Loomba* · KREŞTEKİ YABANİ/*A. Phillips* · ZAMAN ÜZERİNE/*N. Elias* · TARİHİN YAPISÖKÜMÜ/*A. Munslow* · FREUD SAVAŞLARI/*J. Forrester* · ÖTEYE ADIM/*M. Blanchot* · POSTYAPISALCI ANARŞİZMİN SİYASET FELSEFESİ/*T. May* · ATEİZM/*R. Le Poidevin* · AŞK İLİŞKİLERİ/*O.F. Kernberg* · POSTMODERNLİK VE HOŞNUTSUZLUKLARI/*Z. Bauman* · ÖLÜMLÜLÜK, ÖLÜMSÜZLÜK VE DİĞER HAYAT STRATEJİLERİ/*Z. Bauman* · TOPLUM VE BİLİNÇDIŞI/*K. Leledakis* · BÜYÜSÜ BOZULMUŞ DÜNYAYI BÜYÜLEMEK/*G. Ritzer* · KAHKAHANIN ZAFERİ/*B. Sanders* · EDEBİYATIN YARATILIŞI/*F. Dupont* · PARÇALANMIŞ HAYAT/*Z. Bauman* · KÜLTÜREL BELLEK/*J. Assmann* · MARKSİZM VE DİL FELSEFESİ/*V. N. Voloşinov* · MARX'IN HAYALETLERİ/*J. Derrida* · ERDEM PEŞİNDE/*A.MacIntyre* · DEVLETİN YENİDEN ÜRETİMİ/*J. Stevens* · ÇAĞDAŞ SOSYAL BİLİMLER FELSEFESİ/*B. Fay* · KARNAVALDAN ROMANA/*M. Bakhtin* · PİYASA/*J. O'Neill* · ANNE: MELEK Mİ, YOSMA MI?/*E.V. Welldon* · KUTSAL İNSAN/*G. Agamben* · BİLİNÇALTINDA DEVLET/*R. Lourau* · YAŞADIĞIMIZ SEFALET/*A. Gorz* · YAŞAMA SANATI FELSEFESİ/*A. Nehamas* · KORKU KÜLTÜRÜ/*F. Furedi* · EĞİTİMDE ETİK/*F. Haynes* · DUYGUSAL YAŞANTI/*D. Lupton* · ELEŞTİREL TEORİ/*R. Geuss* · AKTİVİSTİN EL KİTABI/*R. Shaw* · KARAKTER AŞINMASI/*R. Sennett* · MODERNLİK VE MÜPHEMLİK/*Z. Bauman* · NIETZSCHE: BİR AHLÂK KARŞITININ ETİĞİ/*P. Berkowitz* · KÜLTÜR, KİMLİK VE SİYASET/*Nafiz Tok* · AYDINLANMIŞ ANARŞİ/*M. Kaufmann* · MODA VE GÜNDEMLERİ/*D. Crane* · BİLİM ETİĞİ/*D. Resnik* · CEHENNEMİN TARİHİ/*A.K. Turner* · ÖZGÜRLÜKLE KALKINMA/*A. Sen* · KÜRESELLEŞME VE KÜLTÜR/*J. Tomlinson* · SİYASAL İKTİSADIN ABC'si/*R. Hahnel* · ERKEN ÇÖKEN KARANLIK/*K.R. Jamison* · MARX VE MAHDUMLARI/*J. Derrida* · ADALET TUTKUSU/*R.C. Solomon* · HACKER ETİĞİ/*P. Himanen* · KÜLTÜR YORUMLARI/*Terry Eagleton* · HAYVAN ÖZGÜRLEŞMESİ/*P. Singer* · MODERNLİĞİN SOSYOLOJİSİ/*P. Wagner* · DOĞRUYU SÖYLEMEK/*M. Foucault* · SAYGI/*R. Sennett* · KURBANSAL SUNU/*M. Başaran* · FOUCAULT'NUN ÖZGÜRLÜK SERÜVENİ/*J. W. Bernauer* · DELEUZE & GUATTARI/*P. Goodchild* · İKTİDARIN PSİŞİK YAŞAMI/*J. Butler* · ÇİKOLATANIN GERÇEK TARİHİ/*S.D. Coe & M.D. Coe* · DEVRİMİN ZAMANI/*A. Negri* · GEZEGENGESEL ÜTOPYA TARİHİ/*A. Mattelart* · GÖÇ, KÜLTÜR, KİMLİK/*I. Chambers* · ATEŞ ve SÖZ/*G.M. Ramirez* · MİLLETLER VE MİLLİYETÇİLİK/*E.J. Hobsbawm* · HOMO LUDENS/*J. Huizinga* · MODERN DÜŞÜNCEDE KÖTÜLÜK/*S. Neiman* · ÖLÜM VE ZAMAN/*E. Lévinas* · GÖRÜNÜR DÜNYANIN EŞİĞİ/*K. Silverman* · BAKUNIN'DEN LACAN'A/*S. Newman* · ORTAÇAĞDA ENTELEKTÜELLER/*J. Le Goff* · HAYAL KIRIKLIĞI/*Ian Craib* · HAKİKAT VE HAKİKATLİLİK/*B. Williams* · RUHUN YENİ HASTALIKLARI/*J. Kristeva* · ŞİRKET/*J. Bakan* · ALTKÜLTÜR/*C. Jenks* · BİR AİLE CİNAYETİ/*M. Foucault*

İçindekiler

Bu kitap Richard Sennett'in 2004 yılında Yale Üniversitesi'nde Etik, Siyaset ve Ekonomi konularında verdiği konferansları içermektedir.

Castle Konferansları John K. Castle'ın bağışlarıyla, John Castle'ın atası ve Yale'in kurucularından Sayın James Pierpont onuruna düzenlenmektedir. Tanınmış, başarılı kişilerce verilen Castle Konferansları'nın amacı, toplumun ve yönetimin ahlâkî temelleri üzerine düşünmeyi teşvik etmek ve karmaşık modern toplumumuzda bireylerin karşı karşıya olduğu etik meselelerin daha iyi anlaşılmasını sağlamaktır.

Bundan birkaç yıl önce Yale Üniversitesi benden geçtiğimiz yıllar boyunca emek konusunda yaptığım araştırmaları ve yazdığım yazıları bir araya getirmemi istedi. Basit bir işmiş gibi konuşuyorlardı: Sadece bir özet hazırla ve Yale'in Castle Konferansları kapsamında üç konuşma yap. Böyle olmayacağını akıl edebilmeliydim; bu hiç de basit bir iş değildi ve çalışmaktan çok daha fazlasını gerektiriyordu.

Yale University Press'den John Kulka'ya ve özellikle de araştırma asistanım Monika Krause'a, bu görevin altından kalkmama yardımcı oldukları için teşekkür ederim.

Önsöz

Bundan elli yıl önce, 1960'larda –o efsanevi özgür seks ve özgür uyuşturucu kullanımı döneminde– genç ve ciddi radikaller kurumlara, özellikle de büyüklüğü, karmaşıklığı ve bükülmezliğiyle bireyleri demir bir pençe içinde tutuyor görünen büyük şirketlere ve büyük devlete nişan aldı. Yeni Sol'un kurucu belgelerinden biri olan 1962 tarihli Port Huron Bildirgesi, devlet sosyalizmine ve çokuluslu şirketlere eşit derecede sert bir tutum içindeydi; her iki rejim de birer bürokratik hapishane gibiydi.

Tarih, Port Huron Bildirgesi'ni tasarlayanlara istediklerini kısmen verdi. Sosyalistlerin beş yıllık plan yapma, merkezi ekonomik denetim uygulama kuralları silindi. Çalışanlara yaşam boyu işler sağlayan, yıllar boyunca aynı ürünleri ve hizmetleri üreten kapitalist şirket de yok oldu. Refah kurumları da öyle: Örneğin sağlık ve eğitim hizmetlerinin veriliş biçimi daha az sabit hale geldi ve çapı daraldı. Bugünün yönetenlerinin hedefi, elli yıl öncesinin radikallerininkiyle aynı: Katı bürokrasiyi yıkmak.

Ancak tarih Yeni Sol'a istediği şeyin tam aksini verdi. Benim gençlik dönemimdeki asiler kurumları yerle bir ederek cemaatler –güven ve dayanışma ile yürütülen yüz yüze ilişkiler, sürekli müzakere edilip yenilenen ilişkiler, insanların birbirinin ihtiyaçları konusunda duyarlı olduğu bir komünal alan– üretebileceklerine inanıyorlardı. Hiç kuşku yok ki bu gerçekleşmedi. Büyük kurumların parçalanması pek çok insanın yaşamını da parçalanmış bir halde bıraktı: İş yaşamının talepleri aile yaşamını allak bullak etti ve insanların yaşadığı yerler köyden çok tren istasyonuna benzer hale geldi. Küresel çağın ikonu göç oldu; yerleşmek değil, hareket etmek. Kurumları yıkmak daha çok cemaat üretmedi.

Eğer geçmişe özlem duyanlardansanız –hangi duyarlı insan değildir ki?– ilişkilerin bu durumu size üzüntü duymak için bir neden daha verir. Arkada bıraktığımız elli yıl hem küresel Kuzey'de hem de Asya ve Latin Amerika'da görülmemiş bir servet yaratma dönemi oldu; bu, devlet ve şirketlerin sabit bürokrasilerinin yerle bir edilmesiyle derin bağlantıları olan yeni bir servetti. Son kuşağın teknoloji devrimi de en çok, merkezi denetimin en düşük düzeyde olduğu bu kurumlarda gelişip serpildi. Böyle bir büyümenin bedeli de kuşkusuz büyük: Çok daha büyük bir ekonomik eşitsizlik ve de toplumsal istikrarsızlık. Yine de, bu ekonomik patlamanın hiç yaşanmamış olmasını dilemek akıldışı olur.

İşte kültür işin içine bu noktada giriyor. Sanatsal değil, antropolojik anlamda "kültür"den bahsediyorum. İçinde yaşadıkları kurumlar parçalanırken insanları hangi değerler ve pratikler bir arada tutabilir? Benim kuşağım, bu soruyu yanıtlamak ve küçük ölçekli cemaatin olumlu niteliklerini daha da geliştirmek için gereken hayal gücüne sahip değildi. Bir kültürü bir arada tutmanın tek çaresi cemaat değildir; çok açık ki, bir kentteki yabancılar, birbirlerini tanımadıkları halde, ortak bir kültür içinde yaşarlar. Fakat destek kültürü sorunu bir büyüklük meselesinden ibaret değildir.

İstikrarsız, parçalanmış toplumsal koşullarda ancak belli türden bir insan başarıya ulaşabilir. Bu ideal kadın ya da erkeğin başa çıkması gereken üç güçlük vardır.

Birincisi zamanla ilgili: Görevden göreve, işten işe, bir yerden başka bir yere göç ederken insan kısa süreli ilişkileri ve kendini nasıl yönetir? Kurumlar artık uzun süreli bir çerçeve sağlamaz olduğunda, birey kendi yaşam anlatısını doğaçlamak, hatta süregiden bir benlik duygusundan yoksun yaşamak zorunda kalabilir.

İkinci güçlük yetenekle ilgili: Gerçekliğin talepleri değişirken yeni beceriler nasıl geliştirilir, potansiyel kabiliyetler nasıl günışığına çıkarılır? Pratikte, modern ekonomide pek çok becerinin raf ömrü kısa; teknolojide ve bilimlerde, tıpkı ileri imalat biçimlerinde olduğu gibi, işçilerin ortalama olarak her sekiz, on iki yılda bir yeniden eğitilmeleri gerekiyor artık. Yetenek de bir kültür meselesi. Ortaya çıkmakta olan toplumsal düzen, zanaatçılık idealini, yani tek bir şeyi gerçekten iyi yapmayı öğrenme idealini köstekliyor; bu tür bağlılık ekonomik açıdan çoğu zaman yıkıcı olabiliyor. Modern kültür, zanaatçılığın yerine, geçmiş başarıyı değil potansiyel kabiliyeti öven bir meritokrasi fikri geliştiriyor.

Üçüncü güçlük bunun devamı olarak ortaya çıkıyor ve feragatle, yani geçmişi geçmişte bırakmakla ilgili. Dinamik bir şirketin başkanı geçenlerde, onun şirketinde çalışan hiç kimsenin oturduğu koltuğun sahibi olmadığını, geçmişteki hizmetlerin hiçbir çalışanın koltuğunu garanti altına almadığını ileri sürdü. İnsan böyle bir iddiaya nasıl olumlu tepki verebilir ki? Bunu yapmak için, halihazırda sahip olunan deneyimleri hesaba katmayan ilginç bir kişilik özelliğine sahip olmak gerekiyor. Bu, halihazırda sahip olduğu şeyleri kıskançlıkla koruyan mal sahibinden çok, mükemmel şekilde iş görür de olsa eskiyi elden çıkaran, hep yeni şeylere heves eden tüketicide bulunabilecek bir kişilik özelliğine benziyor.

Benim göstermek istediğim, bu ideal erkek ya da kadın arayışını toplumun nasıl karşıladığı. Ve bu arayışı değerlendirirken, akademisyenlere özgü o çekinceleri bir adım geride bırakacağım. Kısa vadeye yönelmiş, potansiyel yeteneğe odaklanmış, geçmiş deneyimleri terk etmeye razı olan bir kişi –kibarca ifade edersek– alışılmadık türden bir insandır. Çoğu insan böyle değil; insanlar süregiden bir yaşam anlatısına gereksinim duyuyor, belli bir işte iyi olmaktan gurur duyuyor ve edindikleri deneyimlere değer veriyorlar. Bu yüzden de yeni kurumların uyulmasını talep ettiği kültürel ideal, bu kurumlar içinde yaşayan insanların pek çoğuna zarar veriyor.

* * *

Okura, ne tür bir araştırma deneyiminin beni bu yargıya götürdüğüyle ilgili söylemem gereken bir şey var. Yeni Sol'un büyük bürokrasi eleştirisi benim meselemdi; ta ki 1960'ların sonunda, Boston'da yaşayan ve çoğu ikinci ya da üçüncü kuşak göçmen olan işçi sınıfı beyaz ailelerle görüşmeler yapmaya başlayana kadar. (Jonathan Cobb ile birlikte yazdığımız *The Hidden Injuries of Class** bu insanlarla ilgiliydi.) Bu insanlar bürokrasinin baskısı altında olmak şöyle dursun, katı kurumsal gerçekliklere sığınmışlardı. İstikrarlı sendikalar, büyük şirketler ve nispeten sabit piyasalarca yönlendiriliyorlardı; bu çerçeve içinde, işçi sınıfından erkek ve kadınlar, güya çok az sınıf ayrımının yapıldığı bir ülkedeki düşük statülerinin nedenini anlamaya çalışıyordu.

Çalışma bittikten sonra bu konuyu bir süreliğine bıraktım. Büyük Amerikan kapitalizmi başarılı olarak istikrarlı bir düzeye ulaşmış görünüyordu ve bu düzlemde işçi sınıfının yaşamı değişmez rutinleri içinde devam edecekti. İnsan ancak bu kadar yanılabilir herhalde. 1973'deki petrol krizinden sonra Bretton Woods para anlaş-

* Jonathan Cobb ve Richard Sennett, *Hidden Injuries of Class*, W.W. Norton & Company, New York, 1993.

masının bozulması, yatırım üzerindeki ulusal sınırlamaların zayıfladığı, şirketlerin de yeni bir uluslararası yatırımcı müşteri grubunu –kâr payının uzun dönemdeki getirisinden çok, hisse senetlerinin kısa dönemdeki getirilerine göz dikmiş yatırımcıları– karşılamak üzere kendini yeniden şekillendirdiği anlamına geliyordu. İşler de ülke sınırlarını benzer şekilde ve hızla aşmaya başladı. Tüketim ve iletişim de öyle. 1990'lara gelindiğinde, elektronik alanında mikroişlemciler konusunda yaşanan ilerlemeler sayesinde, eskilerin otomasyon düşü/kabusu hem kol emeğinde hem de bürokratik işçilikte bir gerçeklik haline gelmeye başladı: Nihayet, makinelere yatırım yapmak, çalışsın diye insanlara para ödemekten daha ucuza gelecekti.

Ben de yeniden işçilerle görüşmeler yapmaya başladım. Ama bu kez kol gücüyle çalışan emekçilerle değil, ileri teknoloji endüstrisi, finans hizmetleri ve medyada yaşanan küresel ve hızlı yükselişin merkezinde yer alan daha orta sınıf işçilerle görüştüm. (*Corrosion of Character* [Karakter Aşınması]* adlı kitabımın konusu buydu.) Böylelikle, yeni kapitalizmin kültürel idealini en gürbüz haliyle görme şansım oldu. Bu yeni insana, kısa vadeli düşünerek, potansiyelini geliştirerek ve hiçbir şeyden pişmanlık duymayarak zengin olacağı fikrini aşılayan bir patlama söz konusuydu sanki. Oysa ben, akıntıya kapılmış sürüklendiğini hisseden koca bir orta sınıf bireyler grubu buldum karşımda.

1990'ların sonunda hızlı yükselişin yerini çöküş aldı; ki normalde her iş döngüsünde böyle olur zaten. Ne var ki, ekonomi ayıldıkça, küresel büyüme püskürmesinin ticaret dışı kurumlarda, özellikle refah devletinin kurumlarında kalıcı bir iz bıraktığı aşikâr hale geldi. Bu damga yapısal olduğu kadar kültüreldi de. Sağlık hizmeti ve emekli maaşlarına bağımlılık ve özyönetim açısından yaklaşırken de, eğitim sisteminin kazandırdığı becerileri değerlendirirken de hükümetin hareket noktası, yeni ekonominin değerleri oldu. Ben,

* Richard Sennett, *Karakter Aşınması; Yeni Kapitalizmde İşin Kişilik Üzerindeki Etkileri*, çev.: Barış Yıldırım, Ayrıntı Yayınları, 2005.

Amerikalıların dediği gibi, "sosyal yardımla" büyümüştüm, o yüzden yeni kültürel model, benim için, Chicago'da çocukluğumu içinde geçirdiğim toplu konutların kültürüyle çarpıcı bir tezat oluşturuyordu. (*Respect* [Saygı][*] adlı kitabımın konusu budur.)

Bu kitap daha önce yazdıklarımı özetlemekle kalmasın istedim. Daha önceki yazılarımda tüketimin yeni ekonomideki rolünü ihmal etmiştim; burada, kısaca, yeni tüketim biçimlerinin sahiplenme duygusunu nasıl azalttığını ve bunun siyasi sonuçlarını ele almaya çalışıyorum. İşyerindeki iktidar ve otorite ilişkisine geçmiştekinden daha fazla kafa yormam gerekti. Geçmişe bakmak beni ileri bakmaya, hem kafa hem de kol emeğindeki zanaatçılık ruhunu keşfetmeye yöneltti.

En çok da, yapmış olduğum araştırmanın "Amerikalı"lığını yeniden düşünmek zorunda kaldım. 1970'lerde dünya ekonomisi Amerika'nın tahakkümü altındaydı ve 1990'larda, artık tüm yerküredeki insanlar sürece katılmış olsalar da, yeni bir ekonomi türünü doğuran kurumsal değişikliklere önderlik eden yine Amerika Birleşik Devletleri'ydi. Bu yüzden Amerikalı araştırmacılar *Amerikan* ve *modern* sözcüklerini birbiri yerine kullanabileceklerini kolaylıkla düşünebiliyordu. Bu artık sürdürülebilir bir fantezi değil. Çinlilerin büyümesi Amerika'nınkinden çok farklı ve daha güçlü. Avrupa Birliği'nin ekonomisi Amerika'nınkinden daha büyük ve bazı bakımlardan, yeni üye olan devletlerde bile, daha verimli ve onlar da Amerika'yı taklit etmiyorlar.

Başka ülkelerden okurlarım, yakın tarihli kitaplarımın, başka yerlerde tehlike göze alınıp uygulanabilecek Amerikan tarzı bir işleyişi reddetmek için nedenler sunduğunu düşünme eğiliminde oldu. Aslında niyetim tam olarak bu değildi. Hiç kuşku yok ki, tarif ettiğim yapısal değişimler, ulusal sınırlara sıkışmış değil; örneğin ömür boyu istihdamın azalması Amerika'ya özgü bir olgu değil. "Kültüre bağlı" olan, Amerikalıların maddi yaşamda meydana ge-

---

[*] Richard Sennett, *Saygı: Eşit Olmayan Bir Dünyada*, çev.: Ümmühan Bardak, Ayrıntı Yayınları, 2005.

len değişimleri nasıl yorumladığı.

Amerikalıların iş yaşamında saldırgan rakipler olduğu şeklinde bir klişe kabul görüyor. Bu klişenin altında farklı, daha pasif bir zihniyet yatıyor. Geçtiğimiz on yıl içinde görüştüğüm orta sınıf Amerikalılar yapısal değişimi uysallıkla kabullenme eğilimindeydi; sanki işyerinde ve işyeri gibi yönetilen okullarda güvenlik kaybı kaçınılmazdı: Böylesi temel değişiklikler söz konusu olduğunda, bu değişiklikler size zarar verse bile, yapabileceğiniz pek bir şey yoktur. Bununla birlikte, büyük kurumların bahsi geçen tasfiyesi ilahi bir emir de değildir. Aslında, Amerikalıların çalışma hayatında henüz norm da değildir. Yeni ekonomi şu an için bütün ekonominin sadece küçük bir parçasıdır. Ancak ekonominin bir bütün olarak nasıl evrilmesi gerektiğiyle ilgili yeni bir standart olarak yeni ekonomi, büyük bir ahlâkî ve normatif güç uygulamaktadır. Umudum, Amerikalıların bu ekonomiyi zamanla dışarıdakilerin görme eğiliminde olduğu gibi ele alması, yani her öneri gibi bunun da titizlikle eleştirilmesi gereken bir değişim önerisi olduğunu görmesidir.

* * *

Okur, etnografların eleştirel tutumunun farkında olmalıdır. Biz etnograflar insanları tek başına ya da gruplar halinde saatlerce dinleriz; onlar da kendilerini, değerlerini, korkularını ve umutlarını açıklarlar. Saatler geçerken tüm bunlar anlatma edimi içinde yeniden düzenlenir ve yeniden gözden geçirilir. Sürekli tetikte olan etnograf insanların kendileriyle çelişmesine neden olan şeye ya da anlama konusunda neden çıkmaza girdiklerine eşit derecede dikkat eder. Görüşmeyi yapan kişi yanlış bilgi alıyor değildir; bu daha çok, toplumsal karmaşıklığın öznel bir soruşturmasıdır. İnanç, Ulus yahut Sınıf konularında kişisel açıklamalar yapılırken ortaya çıkan muğlaklık, bozulma ve sorunlar, bireyin kültür anlayışını oluşturur.

Bu sosyoloji zanaatı, günümüzde yeniliğin ne anlama geldiğini ortaya çıkarmaya hem fazlasıyla uygundur hem de değildir. Uygundur, çünkü toplumun akıcılık ve akış üzerindeki vurgusu, kişinin zihninden geçen bir yorumun çözümlenmesi süreciyle kesişir. Uygun değildir, çünkü çoğu insanın bu geniş kapsamlı görüşmelere katılmaktaki amacı, sonuçlar çıkarmak, dünyada nasıl konumlandırıldıklarının bir açıklamasını bulmaktır. Akışkanlık bu arzuyu hüsrana uğratır: "yeni olan" içinde nasıl başarıya ulaşabileceğiyle ilgili ideolojik önerilerin, üzerinde yeterince kafa yorulduğunda, temelsiz olduğu ortaya çıkar.

İşte bu yüzden, Yale'in yeni kapitalizmin kültürünü tarif etme davetine yanıt verirken, kendi zanaatımın sınırları ve öznel soruşturmaların amaca ulaşması önündeki engeller üzerine düşünmem gerekti. Bunun sonucunda, geçtiğimiz yıllar boyunca görüşme yaptığım insanlar adına konuşarak büyük ve affedilmez bir cüret gösterdim; akıllarındakini özetlemeye çalıştım. Bu cüreti gösterirken, belki de en temel kültürel sorunu halının altına süpürdüğümün farkındayım: Modern toplumsal gerçekliğin büyük kısmı, ondan bir anlam çıkarmaya çalışanlar için okunaksız.

Kitabın takip eden bölümleri üç konuyu ele alıyor: Kurumlar nasıl değişiyor; "beceri toplumu"nda yetenek ile gereksiz kılınmak ya da geride bırakılmakla ilgili korkular arasında nasıl bir ilişki var; tüketim davranışı ile siyasi tutumlar arasında nasıl bir bağlantı var. İşyerindeki tarif ettiğim kurumsal değişimler aslında ekonominin sadece başı çeken sektörleriyle –ileri teknoloji, küresel finans ve üç bin ya da daha fazla çalışanı olan yeni hizmet şirketleriyle– ilgili. Kuzey Amerika ve Batı Avrupa'daki çoğu insan bu tür şirketler için çalışmıyor. Ama ekonominin bu küçük dilimi rakamların ifade ettiğinin çok ötesinde bir kültürel etkiye sahip. Bu yeni kurumlar, kişisel beceri ve kabiliyetlerin yeni formülasyonuna ilham veriyor; bu birleşik kurum ve kabiliyet formülü, tüketim kültürünü şekillendiriyor; tüketim davranışı ise siyaseti, özellikle de ilerici siyaseti etkiliyor. Toplumun küçük bir kısmından yola çıkıp fütursuzca bütünün kültürüne ilişkin sonuçlar çıkarmamın tek nedeni, belli türden bir kapitalizmin avatarlarının, böylesine çok sayıda insanı, tuttukları yolun geleceğe giden yol olduğuna ikna etmiş olması.

Yeni kapitalizmin havarileri, bu üç konuyu –iş, yetenek, tüketim– kendi ele alış biçimlerinin, modern topluma daha fazla özgürlük, akıcı bir özgürlük, düşünür Zygmunt Bauman'ın yerinde deyişiyle, "akışkan [bir] modernlik" kattığını iddia ediyor.[1] Bu insanlarla aramdaki çekişme onların "yeni" yorumunun doğru olup olmadığı konusunda değil; kurumlar, beceriler ve tüketim kalıpları gerçekten değişti. Benim iddiam, bu değişimlerin insanları özgürlüğe kavuşturmadığı.

1. Zygmunt Bauman, *Liquid Modernity*, Polity Press, Cambridge, 2000.

I

Bürokrasi

A. ŞİMDİKİ ZAMANLA AÇILAN YENİ SAYFA

Yeni ile eski arasındaki karşıtlığa bir töz vererek başlamak en iyisi; ama daha başlangıçta tıkanıyoruz. Karl Marx kapitalizmle ilgili o ünlü lafını bundan yüz atmış yıl önce etmişti: "Katı olan ne varsa buharlaşıyor."[1] Marx'ın "akışkan modernlik" yorumu, idealleştirilmiş bir geçmişten geliyordu. Kısmen, taşra yaşamının Marx'ın hiçbir zaman birinci elden tatmadığı çok eski ritimlerine duyulan bir

1. Karl Marx ve Friedrich Engels, *Komünist Manifesto*, çev.: Levent Kavas, İthaki Yay., 2006, s. 75.

özlemi yansıtıyordu. Keza, modern öncesi zanaat loncalarının yok oluşu ve kentlerdeki vatandaşların yerleşik yaşamı da Marx'ı tasalandırıyordu; her ikisi de Marx'ın devrim projesinin sonunu getirebilirdi.

Marx'tan bu yana kapitalizmin tek değişmezi istikrarsızlık oldu denebilir. Piyasalardaki karmaşa, yatırımcıların seri karar ve uygulamaları, fabrikaların aniden çoğalması, kapanması ve taşınması, daha iyi işler ya da herhangi bir iş arayan işçilerin toplu göçleri biçiminde: Kapitalizmin enerjisini yansıtan bu görüntüler XIX. yüzyılı istila etti ve geçen yüzyılın başında başka bir ünlü deyişte, bu kez sosyolog Joseph Schumpeter tarafından sözcüklere döküldü: "yaratıcı yıkım".[2] Günümüzde modern ekonomi, üretimin, piyasaların ve finansın küresel yayılımı ve yeni teknolojilerin doğuşu nedeniyle, sadece bu istikrarsız enerjiyle yüklü gibi görünüyor. Ama bugün değiştirme işinin içinde olanlar, daha büyük bir kargaşa içine sürüklenmediğimizi, tarihte yeni bir sayfa üzerinde durduğumuzu iddia ediyor.

Siyah-beyaz karşıtlıklar hep şüphe uyandırır, özellikle de ilerlemeden söz ettiklerinde. Eşitsizlik meselesini ele alın. Britanya'da, 1880'lerde tarım alanında yaşanan krizin hemen öncesinde, ülkedeki servetin %43'ü dört bin ailenin elindeydi. XX. yüzyılın son yirmi yılında bağlamı farklı da olsa eşitsizlik yine barizdi. Britanya ve Amerika'daki ailelerin en tepedeki beşte birinin serveti bu yirmi yıl içinde büyüdü; ailelerin en tepedeki onda birinin serveti büyük oranda, en tepedeki yüzde birinin serveti ise katlanarak büyüdü. Gerçi en dipteki göçmenler de biraz zenginleşti ama Anglo-Amerikan nüfusun ortadaki beşte üçlük bölümü yerinde saydı. Uluslararası Çalışma Örgütü [International Labor Organization] tarafından yapılan yakın tarihli bir çalışma bu eşitsizlik tablosunu daha açık hale getiriyor: Gelir eşitsizliğinin arttığı 1990'larda yarım gün çalışan ve eksik istihdam edilen işçilere servetten düşen payda keskin bir dü-

2. Joseph Schumpeter, *Kapitalizm, Sosyalizm ve Demokrasi*, Varlık Yayınları, çev.: Rasin Tınaz, Tunay Akoğlu, İstanbul, 1981.

şüş olmuştur. Britanya-Amerika spektrumunda artmakta olan eşitsizlik yaşlı nüfusu da etkiliyor.[3]

Bu siyah-beyaz karşıtlığın insanı yanlış yönlendiren diğer bir özelliği de istikrarlı toplumların ekonomik açıdan durgun olduğu varsayımı. Birinci Dünya Savaşı'ndan önce Almanya'da yahut İkinci Dünya Savaşı'ndan sonra Amerika'da durum böyle değildi; bugün de –Norveç ve İsviçre'ninki gibi daha küçük ekonomilerde– böyle değil. İskandinavların kasvetli içebakış eğilimine karşın, Kuzey Avrupa kıyısı, görece istikrar ile büyümeyi birleştirmeyi başararak daha hakkaniyetli bir servet dağılımını ve Amerika ve Britanya'dakinden genel olarak daha yüksek bir yaşam kalitesi standardını korudu.

Küreselleşme, "yeni"lerin belki de en tartışılabilir olanı. Sosyolog Leslie Sklair, ekonomiyle ilgili bol bol ayrıntı vererek, küreselleşmenin XX. yüzyıl ortalarının çokuluslu şirketlerini büyütmekten başka bir şey yapmadığını iddia etti.[4] Sklair, Amerika'nın çokuluslu şirketlerinin bir zamanlar oynadığı rolü sonunda Çinlilerin üstlenebileceği fakat oyunun aynı kalacağı görüşünde. Sklair'in yeni sayfa eleştirmenleri ise bir sürü başka şüphe götürmez maddi gerçeği art arda sıralayarak karşılık veriyor: Küresel bir ekonomi içinde birbiriyle bağlantılı koca koca kentlerin tamamen kendi başına yükselmesi, iletişim teknolojisindeki ve ulaşımdaki yenilikler; insanların önceden yaşadıkları yerlere, birbiriyle iletişim kurma şekillerine yahut malların bir zamanlarki nakledilme biçimine hiç mi hiç benzemiyor.

Bu tartışma yalnızca ekonomik koşullarla ilgili değil. Eskiden çokuluslu şirket, ulus-devletin politikalarıyla sarmaş dolaştı. Bugün, yeni sayfa tezini destekleyenlerin iddiasına göre küresel şirket, dünyanın her yerinden yatırımcılara ve hissedarlara ve tek bir ulusun çıkarlarına hizmet etmesine izin vermeyecek kadar karmaşık bir

3. Socio-Economic Security Programme, *Economic Security for a Better World*, International Labor Organization, Cenevre, 2004.
4. Leslie Sklair, *Globalization: Capitalism and Its Alternatives*, Oxford UP, Oxford, 2002.

mülkiyet yapısına sahip; örneğin petrol devi Shell, hem Hollanda'nın hem Britanya'nın siyasi sınırlamalarından tamamen kurtuldu. Zamanımızın benzersizliğinin en esaslı kanıtı ise, ulusların ekonomik değerini kaybediyor olması.

Belki daha az bilinen bir "şimdi nasıl, eskiden nasıldı" meselesine odaklanmak istiyorum. Meselenin merkezinde kurumlar var. Bu, kurumlarla ilgili bir argüman.

Yeni sayfa önermesi Marx'ın kapitalizmin tarihini yanlış anladığını varsayıyor. (*Kapitalizm* sözcüğünün kendisi sosyolog Werner Sombart tarafından sonradan yaratılmıştı.) Marx'ın hatası, tam olarak, "sürekli yaratıcı yıkım"a inanmaktı. Marx eleştirmenlerine göre kapitalist sistem kısa süre sonra katılaşarak kalın bir kabuk geliştirdi; önce fabrikanın rutinleri borsaların anarşisiyle birleşti ama XIX. yüzyılın sonuna gelindiğinde, anarşi dindi ve şirketlerdeki bürokrasinin kalın kabuğu daha da kalınlaştı. Bu kabuk daha bugün kırıldı. Bu geçmiş görüşünde pek çok olgusal hakikat var ama tam olarak yeni sayfa heveslilerinin tasarladığı şekilde değil.

XIX. yüzyılın başında çalışmakta olan fabrikaların, insanın beynini uyuşturan rutin ile istikrarsız istihdamı birleştirdiğine kuşku yok; hem işçiler kendini koruma gücünden yoksundu, hem işletmeler genellikle kötü yapılanmıştı ve ani çöküşe fazlasıyla açıktı. Bir tahmine göre, 1850 yılında, Londra'da, çalışabilecek durumda olan işçilerin %40'ı işsizdi; yeni işletmelerin ortaya çıkışıyla bu oran %70'le zirve yaptı. 1850'lerde çoğu şirket operasyonlarıyla ilgili verileri, bu verileri bir araya toplamış olsa bile, yayınlamıyordu ve muhasebe prosedürleri genellikle basit kâr-zarar raporlarından oluşuyordu. İş döngüsünün işleyişi istatistiksel açıdan XIX. yüzyılın sonuna kadar anlaşılmadı. Endüstriyel düzenin maddi ve manevi istikrarsızlığını tarif ederken Marx'ın bilgi dağarcığında işte bu türden veriler vardı.

Ama bu "ilkel" kapitalizm, toplumsal ve siyasi açıdan hayatta kalamayacak kadar ilkeldi; ilkel kapitalizm bir devrim reçetesiydi. 1860'lardan başlayıp 1970'lere kadar uzanan yüz yılı aşkın bir zaman içinde şirketler, işletmenin uzun ömürlülüğünü sağlama bağlayıp, çalışan sayısını artırarak, istikrar sanatını öğrendiler. Serbest piyasa, istikrar kazandıran bu değişimi etkilemedi; işletmelerin kendi içinde nasıl örgütlendiği daha önemli bir rol oynadı. Askeri örgütlenme modellerini kapitalizme uygulayarak devrimden kurtuldular.

Sivil toplumun XIX. yüzyılın sonundaki askerileşmesinin –şirketlerin işleyişinin, herkesin bir konumunun olduğu ve her konumun tanımlanmış bir işleve denk geldiği ordulara gittikçe artan bir şekilde benzemesinin– analizini Max Weber'e borçluyuz.[5]

Genç bir adam olan Weber, birleşmiş yeni bir Almanya'nın gelişimine karışık duygular içinde tanıklık ediyordu. Prusya ordusunun verimlilik konusunda yüzyıllardır efsanevi bir itibarı vardı. Avrupa'daki pek çok ordu subaylara yeteneklerine hiç bakmaksızın rütbe satıp, sıradan erleri ilkel bir eğitimden geçirirken, Prusya ordusu işlerin doğru yapılmasına odaklanıyordu. Emir komuta zinciri, Fransız ve Britanya ordularınınkinden daha sıkıydı; emir komuta zincirindeki her rütbeden askerin görevi daha mantıki bir kesinlikle tanımlanıyordu. Otto von Bismarck'ın Almanya'sında bu askeri model, işletmelere ve sivil toplum kurumlarına uygulanmaya başladı; amaç, en başta, Bismarck'ın kafasında, devrimin önlenmesi ve huzurun tesisiydi. Ne kadar fakir olursa olsun, toplumda yerleşik bir konumu olduğunu bilen bir işçinin ayaklanması ihtimali, toplumdaki konumuna bir anlam veremeyen işçinin ayaklanması ihtimalinden daha azdı. Toplumsal kapitalizm olarak adlandırılabilecek şeyin kurucu politikası işte buydu.

İroniktir ki, Schumpeter'in erken dönem ekonomi analizleri, bu askerileşmiş toplumsal kapitalizm yayıldıkça işletmelerin birer kâr kapısına döndüğünü gösterdi. Bunun nedeni, Amerika, Britanya ya da Fransa'da insanların hızlı para kazanma susuzluğu baki kalırken, yatırımcıların bir de daha kestirilebilir, uzun vadeli kazançlara acık-

5. Max Weber, *Economy and Society*, University of California Press, Berkeley, 1978, cilt: 2, s. 1156. [Eserin özgün adı *Wirtschaft und Gesellschaft*, (Ekonomi ve Toplum) 2 cilt, 1922. (ç.n.)

mış olmasıydı. XIX. yüzyılın sonunda, yatırım kararlarının dili önce –yatırım kampanyalarından, stratejik düşünmeden ve General Carl von Clausewitz'in çok tutulan fikri, sonuç analizinden söz eden– askeri bir üsluba büründü. Bunun iyi bir nedeni vardı. Kısa sürede elde edilen kârların, özellikle demiryolu ve şehirlerarası karayolu inşaatı gibi altyapı projeleri söz konusu olduğunda, aldatıcı olduğu ortaya çıkmıştı. XX. yüzyılda işçiler stratejik planlama sürecine katılırken, inşa sürecindeki işçi birlik ve sendikaları da işçilerin konumunu istikrarlı hale getirmeye ve garanti altına almaya çalışıyordu.

Bürokrasi, piyasaların tehlikeye attığı kârları onarmayı amaçlıyordu. Bürokrasi piyasalardan daha *verimli* görünüyordu. Bu, tarihçi Robert Wiebe'nin deyişiyle, "düzen arayışı," iş yaşamından devlete, oradan da sivil topluma yayıldı. Stratejik kâr konusunda alınan ders, etkili devlet modeline aktarıldığında, devlet memurlarının statüsü yükseldi; devlet memurlarının bürokratik pratikleri siyasetteki dalgalanmalardan her zamankinden daha fazla yalıtıldı.[6] Sivil toplumda okullar işleyiş ve içerik açısından giderek standartlaştı; meslekler, tıp, hukuk ve bilim alanlarındaki pratiklere düzen getirdi. Weber'e göre, tüm bu kurumsal yaşamı ussallaştırma biçimleri, esasen askeri bir kökenden geliyordu; sivil insanlar asker gibi düşündüklerinin farkında olmayabilirdi ama bu durum, kardeşlik, otorite ve saldırganlık normları da eşit derecede askeri özellikler taşıyan bir topluma ebelik edecekti. Genel olarak bir modern zamanlar gözlemcisi olan Weber, XX. yüzyıla silahlı mücadele *ethos*unun hakim olmasından korkuyordu. Bir siyasal iktisatçı olaraksa Weber özellikle, ordunun piyasalardan daha iyi sonuç verecek bir modernlik modeli olduğunu savunuyordu.

Bu askeri toplumsal kapitalizmin merkezinde zaman vardır: Uzun vadeli, aşamalı ve en başta da kestirilebilir zaman. Bu bürokratik dayatma bireyleri en az kurumsal düzenlemeler kadar etkiledi. Ussallaştırılmış zaman insanların yaşamlarını birer anlatı –zorunlu

6. Robert H. Wiebe, *The Search for Order*, Hill and Wang, New York, 1967.

olarak olacaklardan çok, olması gerekenlerin anlatıları– olarak görmesinin yolunu açtı. Örneğin, bir kariyerin aşamalarının neler olması gerektiğini tanımlamak, bir şirkette uzun süre çalışmak ile servet artışındaki belirli basamaklar arasında karşılıklı ilişki kurmak olanaklı hale geldi. Pek çok kol işçisi hayatında ilk kez ev alma planları yapabilirdi. Oysa iş dünyasındaki felaketlerin ve fırsatların gerçekliği, böyle stratejik düşünmeyi engelledi. Gerçek dünyanın, özellikle de iş döngüsünün akışında gerçeklik elbet plana göre ilerlemiyordu; ama artık bireysel eylemlilik ve iktidar alanını tanımlayan, plan yapabilme fikriydi.

Ussallaştırılan zaman öznel yaşamı derinden yaraladı. Almanca *Bildung* sözcüğü, bir genci ömür boyu süren bir yaşam biçimine hazırlayan kişisel oluşum sürecine verilen isimdir. XIX. yüzyılda *Bildung* kurumsal bir çerçeve kazandı, XX. yüzyılda bunun sonuçları somutlaştı ve yüzyılın ortalarında, William Whyte'ın *The Organization Man**, C. Wright Mills'in *White Collar*** ve Michel Crozier'nin *Bureaucratic Phenomenon**** adlı kitapları gibi eserlerde sergilendi. Whyte'ın bürokratik *Bildung* görüşü şöyleydi: Şirket içinde, sebatkârlık, sadece kısa vadeli ödüller getiren ani hırs patlamasından daha önemli hale gelir. Crozier'nin Fransız şirketlerindeki *Bildung* üzerinde yaptığı analiz, bireyin kendini anlama şeklini düzenleyen hayali bir nesne olarak merdiveni konu alıyordu; ister iner, ister çıkar, ister olduğun yerde kalırsın; ama üzerine basacak bir basamak hep vardır.

Yeni sayfa tezi bu yaşam anlatısı düşüncesini olanaklı kılan kurumların artık "buharlaştığını" ileri sürüyor. Toplumsal zamanın askerileşmesi kendiliğinden çöküyor. Bu tez bazı açık kurumsal olgular üzerine temellendirilmiş. Ömür boyu istihdamın sona ermesi bunlardan biri; tek bir kurumda geçen kariyerlerin azalması da öy-

* William Whyte, *The Organization Man*, University of Pennsylvania Press, Pennsylvania, 1956.
** C. Wright Mills, *White Collar*, Oxford UP, Oxford, 1951.
*** Michel Crozier, *Bureaucratic Phenomenon*, University of Chicago, Chicago, 1964.

le; ve kamu alanında, hükümetin sosyal yardım ve güvenlik ağlarının daha kısa vadeli ve daha dengesiz hale geldiği olgusu da. Finans konusunda bir guru olan George Soros, insanların birbiriyle alışverişinde "ilişkiler"in yerini "işlemler"in aldığını söyleyerek bu tür değişimleri özetliyor.[7] Başkaları, dünya ekonomisindeki muazzam büyümeyi mümkün kılan şeyin, malların, hizmetlerin ve emeğin akışı üzerindeki kurumsal denetimin daha az tutarlı hale gelmesi olduğunu; görülmemiş sayıda göçmenin büyük kentlerin sözde gri ekonomisi içinde yaşamasına olanak sağlayanın bunlar olduğunu söylüyor. Ve daha başkaları, Sovyet imparatorluğunun 1989'daki çöküşünü, askeri örgütlenme ile sivil toplumun birbirinden ayırt edilemez olduğu bir kurumsal düzene son verilmesi olarak anıyor.

Kurumsallaşmış zaman konusundaki bu tartışma iktisat ve siyasetle olduğu kadar kültürle de ilgili. *Bildung*'u etkilemeye başlıyor. Kendi araştırma deneyimime başvurarak bunun nasıl olduğunu gösterebilirim belki.

1990'ların başlarında Silikon Vadisi'nde görüşmeye başladığım yazılım programcıları hem teknolojinin barındırdığı olanaklarla hem de zengin oluverme olasılığıyla sarhoş olmuş gibi görünüyordu. Bu genç programcılardan pek çoğu, Microsoft'taki Bill Gates'e özenmiş ve yazılımcı olmak için üniversite kariyerini bırakmıştı.

San Francisco'nun güneyindeki isimsiz ofislerini bayat pizza kokusu sarmıştı. Yerlerde şilteler ve uyku tulumları sıralanmıştı. Çok önemli bir değişimin kıyısında olduklarını düşünüyorlardı: Eski kurallardan hiçbiri, bunu sık sık duyuyordum, artık geçerli değildi. Projelerine yatırım yapanlar da onlarla aynı fikirde görünüyordu; hiçbir kazancı olmayan şirketlerin değeri bir gecede tavan yapıyor ve aynı hızla tepetaklak oluyordu; banka sahipleri yollarına devam ediyordu. Genç teknisyenlerin düşünce yapısı Whyte ve Crozier'nin kitaplarında betimlenen genç bürokratlarınkiyle taban tabana zıttı. Sebatkârlığı küçümsüyorlardı ve başarısız olduklarında, ki ge-

7. George Soros, *Küresel Kapitalizm Krizde*, çev.: Gülden Şen, Sabah Kitapları, 1999.

nellikle böyle oluyordu, tıpkı banka sahipleri gibi yollarına devam ediyorlardı. Beni en çok etkileyen, başarısızlığa tahammülleri oldu: Sanki onlara göre başarısızlığın kişisel bir anlamı yoktu.

2000 yılında ".com" balonu patlayıp da Silikon Vadisi ihtiyatla yönetilmeye başladığında, bu genç insanlar yeni bir sayfa üzerine yaşamanın gerçekliğini keşfetti. Duyduğum en yaygın tepki, genç programcıların aniden kendilerini yalnız hissetmeye başladığıydı. "Artık kimse seni bilmek istemiyor" dedi birisi; "çok fazla parlak fikir duydular." Başka biri, "'sahne' artık Boston'a taşındı" dedi, "biyoteknoloji diyarına ama ben oraya ait değilim." Yalnız kaldıklarında birdenbire zamanı keşfettiler; önceleri pek hoşlarına giden şekilsiz zamanı; sonraki adımları, nasıl ilerleneceğini anlatan kuralların yokluğunu... Bu insanların yeni sayfası boştu. Bu gayya kuyusunda, bir yaşam anlatısından yoksun ve yalıtılmış halde, başarısızlığı keşfettiler.

Bu keşfin, zanaatı artık yeryüzünden silinmiş olan makinistin keşfinden ya da başka bir açıdan bakarsak, bir medya çalışmaları dersinin cazibesine, milyonlarca genç insanın aynı şeye kapıldığını bile bile kapılan öğrencininkinden çok farklı olmadığı söylenebilir. Hepsi de amaçsızca sürüklenme ihtimaliyle karşı karşıyadır.

Yalıtılmışlık içinde amaçsızca sürüklenme ihtimaline karşı, yeni ile eski arasındaki kültürel farkı ortaya koymalıyız; kültürel bölünme bizi kurumların geçmişinin daha da derinlerine götürüyor.

B. TOPLUMSAL KAPİTALİZM

Max Weber, toplumsal düzen sorununa askeri yapıya dayalı sivil [domestic] bir çözüm bulma olasılığını bir yandan analiz ederken, diğer yandan da bu olasılığa aynı anda hem korku hem de hayranlıkla yaklaştı. Bir analist olarak, Prusya modelinin kapitalizmi Marx'ın öngördüğünden farklı bir rotaya sokacağını fark etti; fakat şirket içinde yaşam tam olarak nasıl olacaktı? Nasıl ki iyi yönetilen bir ordu savaş alanındaki yenilgileri atlatacak şekilde tasarlanmışsa, iyi yönetilen bir işletme de piyasalardaki ani yükseliş ve düşüşleri atlatacak şekilde tasarlanmalıydı. Weber bu önermeyi destekleyen kanıtı Almanya sınırları dışında buldu: Birleşik Devletler'deki güçlü dikey tröstler ve tekeller piyasa rekabetini bastırıyor; bunların sahipleri, örneğin Andrew Carnegie ve John D. Rockefeller, sivil [domestic] generaller gibi davranıyordu.

Bu sistemin dehası bilhassa emir komuta zincirinin örgütlenişinde yatıyordu. Adam Smith'in zamanından beri yöneticiler işbölümün nasıl işlediği konusunda net bir fikre sahipti. Smith'in modeli, bir at arabasını ya da peyniri verimli bir şekilde üretmeyi hedefleyen karmaşık bir görevin nasıl parçalara ayrılacağını araştırıyordu. Verimliliğin ölçütü, kabaca, bir şeyden hızlı bir şekilde ne kadar üretilebileceğiydi; ama Smith tarzı üretim gerçek sınavını pazar yerinde verecekti: Bir işletme, insanların almak istediği bir sürü şeyi rakiplerinden daha hızlı üretebilir miydi? Ordular işbölümüyle işlese de, Weber, rekabet ve verimliliğin askeri yaşamda farklı bir karaktere büründüğünü fark etti.

Savaş alanında bazı askerler her şeyi kaybedecektir; ve bu askerler, öleceklerini bilseler de itaat etmeye istekli olmalıdır. Ordularda, askerler arasında, toplumsal sözleşme kesin olmak zorundadır. Bir ordunun dağılmadan bir arada kalabilmesi için her rütbenin görevleri açık ve kesin tarifli olmalıdır; kimin hayatta kalıp bu görevleri yerine getireceği, ordunun kaybetmek ya da kazanmak üzere olması hiçbir önem taşımaz. Weber'in sivil [domestic] yaşamda bürokratik "makam" analizini bu askeri zorunluluk şekillendirdi. Weber'in *makam* terimi, hademeden, en üst düzey bürokrata kadar herkesi kapsıyordu.

Orduda olduğu gibi, büyük sivil [domestic] bürokraside de, etkili iktidar piramit şeklindedir. Piramit "ussallaştırılmış"tır, yani her makamın, her bölümün tanımlı bir işlevi vardır. Emir komuta zincirinde yukarı çıktıkça denetimde olan insan sayısı azalırken, aşağı indikçe insanların sahip olduğu güç azalır ve örgütün içine alabileceği insan sayısı artar. Sadece ve sadece kendi işinizi yaparak işinizde iyi olursunuz. Liberal modelde, yani Smith modelinde, beklenenden fazlasını yaparak başarıya ulaşırsınız; askeri modelde, yani Weber modelinde, çizgiden çıkarsanız cezalandırılırsınız.

Weber modelinde zaman esastır: İşlevler sabittir, statiktir. Hangi makamda kim oturuyor olursa olsun, örgüt dağılmamalıdır. Fakat yapının toplumu köklü değişikliklere götüren hadiseleri atlatacak şekilde tasarlanması noktasında, Weber tarzı piramidin tarihsel bir tınısı vardır.

Bismarck'ın Alman işçilerle yapmayı amaçladığı toplumsal sözleşme Weber'i derinden etkilemişti; şansölye ve bakanları herkese toplumsal sistemde bir yer vaat ediyordu. Bu vaadi olanaklı kılan piramit şeklidir: Bu şekil, bir şirketin aşağı mevkilere hep daha fazla sayıda insan eklemesine izin verir, tıpkı bir ordunun hep daha fazla sayıda piyade erini içine alabilmesi gibi. Bir mecazla ifade edersek, bu tür yapılar, toplumsal içerme uğruna –günümüz İtalyan ve Hindistan bürokrasilerinde açıkça görüldüğü gibi– obezleşebilir. Bismarck'ın kurumları semirtmek için kurnazca bir nedeni vardı: Pasifleştirmek; herkese bir yer vererek çatışmayı önlemek. Dolayısıyla, semiren bürokrasinin siyasi ve toplumsal gerekçesi verimlilik değil, içerme idi.

Weber'in sivil [domestic] kurumların askerileştirilmesine kısmen hayranlık duyması sırf bu sebeptendi; yoksa devrim dostu olduğundan değil. Ve piramitte, belli bir ileri toplumsal adalet görmüştü: Her makam, kişinin içerilmek için sahip olması gereken yetenek ve becerileri, yerine getirmesi gereken yükümlülükleri tanımlar; bu açıdan bakıldığında bürokrasi şeffaftır. Fakat aynı zamanda Weber, bürokratik istikrar ve şeffaflığın gerektirdiği kişisel sonuçlarla ilgili olarak derin bir mutsuzluk içindeydi.

Weber'in en ünlü denemesi *The Protestant Ethic and the Spirit of Capitalism*'in [Protestan Ahlâkı ve Kapitalizmin Ruhu]* sonunda bu mutsuzluk sayfalardan dışarı taşar. Böyle bir kurumda ömür bo-

* *Protestan Ahlâkı ve Kapitalizmin Ruhu,* çev.: Zeynep Gürata, Ayraç Yayınevi, 2002.

yu çalışan kimse bir "demir kafes"te[8] yaşıyordur. Ya da başka bir benzetme kullanırsak, sabit işlevli bir örgütte yaşanan zaman, kendi tasarlamadığınız bir evdeki merdivenleri el yordamıyla çıkmaya ya da inmeye benzer; bir başkasının sizin hayatınız için yaptığı bir tasarımı yaşıyorsunuzdur. *Protestan Ahlâkı*'nda Weber insanın bunu neden yaptığını sarahatle açıkça ortaya koyar: Bürokrasiler, doyumu erteleme disiplinini öğretir. O anki etkinliklerinizin sizin için önemli olup olmadığının muhakemesini yapmak yerine, emirlere şimdi itaat etmenin gelecekte getireceği ödülü düşünmeyi öğrenirsiniz. Ve işte tam bu noktada, askeri piramit ile sivil [domestic] piramit arasında bir uçurum açılır.

Askerlik, anında doyum sunar; ülkene hizmet ediyorsundur ve silah arkadaşlarınla dayanışma içindesindir. Sivil [domestic] bürokrasilerde ise, Weber'e göre, vaat edilen doyumlar ve tatminler çoğu zaman asla gelmez. Weber bu hüsrana öznel bir dönemeç ekler; erteleme disiplinini öğrenmiş olan biri, o noktanın gelmesine çoğu zaman kendisi izin veremez. Çoğu amaçlı birey bu sapkın duyguyu taşır. Elindekinin yeterince iyi olmadığını düşünür ve şimdiki zamanın tadını çıkarmaktan acizdir; tatmini ertelemek bir yaşam biçimi haline gelir. Weber'in feraseti, öznel itkiye kurumsal bir bağlam vermekti. Bürokrasinin basamaklarını tırmanmak bir yaşam biçimine dönüşebilir. Şayet demir kafes bir hapishaneyse, psikolojik bir yuva haline de gelebilir.

* * *

Weber'in piramidi, XX. yüzyılda büyük şirketlere hakim olarak, yapısal bir gerçeklik haline geldi ama Weber'in dediği gibi psikolojik olarak değil. General Motors'un Willow Run otomobil fabrikası gibi dev imalat fabrikaları piramitlere dönüştü, bütün imalat süreci küçük bir kasaba büyüklüğündeki tek bir bina içinde toplandı: Adeta, bir kapıdan hammaddeler girerken, diğer uçtaki başka bir kapı-

8. a.g.y., s. 140.

dan çalışır halde bir otomobil çıkıyordu. Piramit birleşmiş, merkezileşmiş, yoğunlaşmıştı. Bu tür büyük fabrikalarda ve bunların devlet dairesi benzerlerinde işbölümü başlangıçta Adam Smith'in belirlediği koşullara göre yapılmaya çalışılıyordu; Frederick Taylor ve diğer verimlilik uzmanları bir çalışanın emeğinin her hareketini ve her anını en ince ayrıntısına kadar yönetmeyi amaçlıyordu. İnsanları mekanikleştirme yönündeki bu çabalar Weber'in alanına uyarlandı; işverenler de, sendikalar da, verimliliği feda etmek anlamına gelse bile, bu kurumsal canavarlara istikrar ve düzen kazandırmayı amaçlıyordu.

Refah devleti de bir bürokratik piramit biçimi aldı. Sosyal-demokrasi, emekli aylığı ve eğitim gibi refah hizmetlerini ilkede evrensel haklar olarak görüyordu; uygulamada ise, İskandinav ve Britanya refah sistemleri bile, gereksinimlerini gidermeye çalışan müşterilerini, bürokratlar gibi düşünmeye mecbur etti. Bürokratik kurallar en başta ve en çok bürokrasiye hizmet etti; yaşlılar, öğrenciler, işsizler ve hastalar farklı farklı yaşam öyküleri olan bireylerden çok, Weberci anlamda devlet memurları gibi davranmaya zorlandı. Sistem, sağlık hizmetinin etkili bir şekilde verilmesine odaklanmak yerine, kurumsal kendini sürdürme ve istikrara her zamankinden fazla kilitlendi.

XX. yüzyılın ilk yarısının savaşa adanmış olması sosyologları bir bakıma şaşırtamaz, çünkü sivil toplum için kullanılan model, orduların örgütleniş şeklinin ta kendisiydi. Yine de, bunun kör, kölevari, itaatkar bir işçiler ya da refah müşterileri kitlesi yarattığını düşünüyorsak da, "toplumun askerileşmesi" yanlış imalar taşıyordu. Askeri yaşamı gerçekten deneyimlemiş olsaydı bunun sebebini Weber de anlardı.

Bir orduda emirler emir komuta zincirinden aşağı doğru iletildikçe modüle olur: Generalin buyurduğu şey, askeri kadro tarafından, komutun saha koşullarına uyarlanması vasıtasıyla, uygulamaya tercüme edilmeye başlanır; çavuşlar, onbaşılar ve rütbesiz erler kendi sıraları geldiğinde komuttan belli bir zeminde bir anlam çıkarmaya çalışırlar. Hepsi emre itaat eder ama eşit ölçüde emri tercüme de eder. Bir emrin eyleme tercüme edilmesinde anahtar kelime "tercüme"dir. Ordu ne kadar büyükse o kadar çok tercüme gerekir.

Aynı dolayım sivil [domestic] piramidin de önemli bir niteliğidir ve Taylor gibi verimlilik havarilerinin başarısız olmasının nedenlerinden biridir. Taylor'ın zaman-ve-hareket etütleri ortaya feldmareşalin, nelerin olması gerektiği ve nasıl yapılacakları konusundaki yazılı emri gibi bir şey çıkarmıştı. İş uygulamaya geldiğinde bu buyrukların her biri kurumsal yapı içinde aşağı doğru iletilirken yorumlanmış ve müzakere edilmişti. Taylor, çocuksu bir masumiyetle, bu –son derece açık, son derece "bilimsel"– buyrukların danışmanlık yaptığı şirketler tarafından bulandırılıp karıştırıldığından yakındı. Oysa onu başarısızlığa uğratan, gerçeklikti.

Karakter Aşınması için saha çalışması yaparken, Weber'in sivil [domestic] demir kafesle ilgili olarak tanımladığı psikolojiye uymayan pek çok insanla karşılaşmış olmamın nedenlerinden biri, herhangi bir bürokratik piramidin ayrılmaz parçası olan yorumsal modülasyondur. Örneğin, IBM'in 1993'den önce paternalist bir ordu gibi çalışan işçileri, şirketin kendini sürdüren yapısı içinde şüphesiz kendini kafese tıkılmış hissediyordu. Ama bu sınırlar içinde, yapmaları söylenen somut şeyleri müzakere ediyor ve bir departmandan diğerine hareket etmenin bireyler olarak kendileri için ne anlama geldiğini yorumluyorlardı.[9] Toplumsal analiz yapan kişi tehlikeyi göze alarak bu küçük tercümeleri bir tarafa bırakır. Bu tercümeleri yapmak şirketlerdeki insanlara bir eylemlilik duygusu veriyordu; kurumun çalışanın mevkisini yükseltme ve indirme anlatısı, çalışanın yaşam öyküsü haline geliyordu. Ordularda olduğu gibi, şirketlerde de, bir kurumda çalışmaktan duyulan mutsuzluk, o kuruma duyulan güçlü bağlılıkla aynı anda var olabilir; kendi alanı içinde şeylerden anlam çıkarmasına imkân verilen kişi, genel olarak mutsuz da olsa, şirkete bağlanır.

9. Richard Sennett, *Karakter Aşınması*, s. 129-137.

Saygı için yaptığım saha çalışmasında, refah devletinin piramit şeklindeki bürokrasileri içinde çalışan kamu hizmeti görevlileri arasında bu memnuniyetsizlik ve bağlılık bileşiminin daha da güçlü olduğunu gördüm. Chicago ve Londra'da şehrin en eski ve yoksul mahallelerindeki, çok az ödenek alan, katı kuralları olan okullarda çalışan öğretmenlerle konuştum; New York'un çok kötü durumdaki devlet hastanelerinde çalışan hemşirelerle görüşmeler yaptım. Pek çoğu daha iyi işler bulup ayrılabilirdi ama bunu yapmamıştı. Faydalı bir şeyler yapmaktan bahsediyorlardı.[10] Bu insanları çalıştıkları kurumlara daha kişisel düzeyde bağlayan şey, yine, kurumlarında kişisel mevcudiyetlerini tesis eden o küçük müzakere ve dolayım basamaklarıydı. New York'ta bir hemşirenin bana söylediğine göre, geçici hemşirelik yapıp daha çok kazanç elde etmektense, imkânları kıt bir devlet hastanesinde kalmasının nedeni buydu. Hemşirelik her iki halde de yararlı bir işti; fakat hastanede çalışarak "bir fark yaratıyordu".

Bismarck'ın toplumsal kapitalizm için tasarladığı ve Weber'in son derece parlak bir şekilde analiz ettiği yapıyla ilgili olarak birinci elden bir sonuç çıkarmam gerekseydi, en büyük mirasının örgütlenmiş zaman hediyesi olduğunu söylerdim. Tüm toplumsal ilişkilerin gelişmesi zaman alır; bireyin başkaları için önemli olduğu bir yaşam anlatısı, ömür boyu yaşayacak bir kurum gerektirir. Amaçlı bireyler bu tür örgütlerde en iyi konumu kapmak için yarışarak yaşamlarını boşa harcayabilir. Ama çoğu birey hırs canavarını nasıl uysallaştıracağını öğrenir; nihayetinde yaşama nedenimiz bundan daha fazlasıdır. Demir kafesler başka insanlarla birlikte yaşama zamanımızı bir çerçeveye oturttu. Dahası, bürokratik yapılar, iktidarı yorumlama, ondan makul bir anlam çıkarma fırsatı sağlarlar; böylelikle bireye bir eylemlilik duygusu verebilirler. Amerikan refah devletinin kurumları gibi işlevselliğini yitirmiş kurumlarda bile, kamuda çalışanlar bir fark yaratabilecekleri inancıyla oldukları yerde

10. Richard Sennett, *Saygı*, s. 205-8.

kalacak. Bu bir yanılsama mı? Belki. Ama bu yanılsama olmadan hiçbir birey ilerleyemez.

Askeri kökenleri göz önüne alındığında, demir kafes imgesi, karmaşadan sağ çıkmak için inşa edilmiş bir bürokrasi akla getirir. Bürokrasiyi istikrar ve dayanışmayla eşit sayarız. İşte size hakiki bir yanılsama. Toplumsal kapitalizm kırılgan çıktı. Bürokratik yapısı, bizim kuşağımızda, ne Bismarck'ın ne Weber'in öngörebileceği darbeler aldı.

C. KAFESTEN KURTULUNCA

XX. yüzyılın sonu üç yeni sayfa çevirdi. Bu üç yeni sayfa, toplumsal kapitalizmin nostaljik bir anıya dönüşeceğini ileri sürer gibiydi. Ekonomik değişimler esasen karmaşık; bu değişimlerin kurumlardaki sıradan insanları en doğrudan şekilde etkilemiş olan yönlerini seçerek konuyu basitleştireceğim.

Önce, büyük şirketlerde, yönetici iktidarından hissedar iktidarına bir geçiş yaşandı. Bu geçişin kesin bir tarihi var: Boston Woods para anlaşması 1970'lerin başında bozulduğunda, muazzam bir yatırım sermayesi fazlası küresel ölçekte salıverildi. Daha önce yerel ya da ulusal girişimlerle sınırlanmış yahut ulusal bankalarda saklanmakta olan servet, artık yerkürede çok daha kolay hareket edebiliyordu. Özellikle Orta Doğu'nun petrol zengini ülkelerinde, Amerikan, Japon ve Alman bankalarında ve Pasifik'te etnik Çinlilerin oluşturduğu ağ içinde bir yatırım açlığı vardı. 1980'lerde ve 1990'larda onları yeni, sınır ötesi fırsatlar arayışı içindeki devasa emeklilik fonları ve küçük özel yatırımcılar izledi.[11]

Bankacılık sektörü bu bollukla başa çıkabilmek için dönüştü. Tacir bankacılık hakikaten uluslararası hale geldi. Örneğin Londra'da, Britanya şirketlerini satın alan Amerikan, Japon ve Alman

11. Saskia Sassen, *The Mobilty of Labor and Capital: A Study in International Investment and Labor Flow*, Cambridge UP, Cambridge, 1998.

bankaları, eski ticaret bankası sahiplerinin Britanya'nın imparatorluk zamanında oluşturduğu ağları artık kendine mal etmişti; günümüzde City of London hâlâ bir küresel finans yeri; fakat City artık bir Britanya kurumu değil. Şirket birleşmelerine ve devralmalarına giderek daha fazla odaklanan işletme bankalarının da ulus-devlet çıkarlarıyla bağı kalmadı. 1950'lerde Siegmund Warburg, yönetim kurulları ve hissedarlarının satışına onay vermediği ulus temelli büyük şirketleri ele geçirmenin yollarını buldu. Servetin taşmasının sonuçlarından biri, bu tür ele geçirmelerin bir sanat formuna dönüşmesi oldu, zira para bir yerlere rahatça yerleşip kurulmanın hep yeni yollarını arıyordu.

Başlangıçta yöneticiler eskiden aşina oldukları yatırımcılarla, yani büyük ölçüde pasif kurumlar ve bireylerle iş yapıyor olduklarını düşündü. Eskiden bir firmanın çalışmaları, itirazların sadece tuhaf giyimli yaşlı hanımlardan yahut vejetaryen aktivistlerden geldiği yıllık toplantılarda onaylanırdı. Ama yöneticiler çok geçmeden gözünü açtı. Yatırımcılar artık etkin yargıçlar olmuştu; büyük miktarlarda sermayeyi kontrol eden emeklilik fonlarının sektöre etkin şekilde baskı uygulamaya başlaması bu ortaklığı bir dönüm noktasına getirmişti. Tıpkı kaldıraçlı satın alma gibi finansal araçların da karmaşıklığı artmıştı ve bu, şirketin idarecileri savunmasız dururken, yatırımcıların şirketler oluşturabileceği ya da parçalayabileceği anlamına geliyordu.

Karmaşık hissedar iktidarının ortaya çıkışıyla, emir komuta zincirinin tepesindeki şirket generalleri de değişime uğradı; tepede yeni bir yanal iktidar kaynağı oluştu. Uzun süreli ilişkilerin ve ittifakların şirket içinde şekillendirmiş olduğu kültüre çoğu zaman gerçek anlamda yabancı değilse de çoğu zaman aldırmazdı.

İktidarda meydana gelen değişim ikinci bir yeni sayfa açtı. Güçlenmiş yatırımcılar uzun vadeden ziyade, kısa vadeli sonuçlar istiyordu. Bennett Harrison'ın "sabırsız sermaye" adını verdiği kadrolar oluştu. Bu kadroların önemli bir özelliği, sonuçları değerlendirirken, şirketlerin dağıttığı kâr payından çok, şirketlerin hisse bedelini ölçüt almalarıydı. Açık ve akıcı bir piyasada hisse senetlerini alıp satmak, uzun süre elde tutmaktan daha hızlı –ve daha büyük– kazançlar getiriyordu. 1965 yılında Amerika emeklilik fonu hisse senetlerini ortalama 46 ay boyunca elinde tutarken, 2000 yılına gelindiğinde bu kurumsal yatırımcıların portföyünün büyük kısmının 3.8 ay içinde el değiştirmiş olması bu yüzdendi. Borsadaki kıymet ticareti, fiyat/kazanç oranı gibi geleneksel performans ölçütlerini, özellikle de 1990'lardaki teknoloji patlamasında hiç kazancı olmayan şirketlerin hisse senedi değerleri hızla yükseldiğinde, altüst etti.

Paranın kendine yeni bir yuva ya da hızlı kazanç araması elbette yeni bir şey değildi. Fakat büyük miktarlardaki ipini koparmış sermayenin ve kısa vadede getiri elde etme baskısının birleşen etkisi, bu kurumların yapısını, güçlenmiş yatırımcıların ağzını sulandıran bir dönüşüme uğrattı. Önünden geçen dikizcinin gözüne güzel görünmesi için şirketlere muazzam baskı uygulanıyordu; kurumun güzelliği, şirket içi değişim ve esneklik işaretleri göstermesine, dinamik bir şirket görünümü sergilemesine bağlıydı; bir zamanlar istikrarlı olan şirket kusursuz işlemiş olsa bile. Sunbeam ve Enron gibi firmalar bu yatırımcı alayına yanıt vereceğiz diye işlevselliklerini yitirdiler ya da yozlaştılar; ama firmalar üzerindeki baskı piyasanın sıkıntılı dönemlerinde bile değişmedi: Kurumsal katılık yatırım için bir kırmızı ışık haline geldi. İstikrar bir zayıflık işareti olarak görülüyordu; piyasaya, firmanın yenilik üretemeyeceği, yeni fırsatlar bulamayacağı yahut başka türlü bir değişim gerçekleştiremeyeceği izlenimi veriyordu.

Bu bağlamda, bir önceki kuşağın pratikleri ve teorileriyle büyük bir zıtlık oluştu. Rockefeller rekabeti ve akışı ortadan kaldırarak piyasaların endişelerini yeniden giderdi. Weber modeli içindeki toplumsal sözleşme, içeridekilerin, kurumun dışarıdaki her türlü fırtınayı atlatabileceğine inanmasına bağlıydı. Oysa şimdi, kişinin kendi şirketini istikrarsızlaştırmaya istekli olması olumlu bir sinyal veriyordu. Şirket başkanları arasında IBM'den Louis Gerstner bu bakımdan göze çarpan bir örnektir. 1993 yılında demir kafes bürokrasilerinin en bükülmezini miras alan Gerstner, 1996 yıllına gelindiğinde, miras almış olduğu şeyin büyük bir kısmını parçalamıştı.

Bu bölümün başlangıcında, sahip olduklarını bırakmaya, terk etmeye istekli bir ideal benlik imgesinden söz etmiştim. Bu ideal, sabırsız sermayenin baskılarıyla başa çıkmaya çalışan yöneticiler için fiilî bir zorunluluk haline geldi. Kendilerini sürekli yeniden tasarlamaları, bütünüyle yenilenmeleri gerekiyordu, yoksa piyasalarda güç kaybedeceklerdi.

Demir kafese üçüncü darbeyi iletişim ve imalatta yeni teknolojilerin gelişmesi vurdu. İletişim artık küresel ölçekte ve anında gerçekleşiyor. Bazı analistler, örneğin Manuel Castells, küresel ekonominin yeryüzünden göklere çıktığını, yer'in artık önemsiz olduğunu düşünüyor; bazılarıysa, örneğin Saskia Sassen, yatırım ve koordinasyon işinin yapıldığı yerler olan büyük kentlerin küresel çağda daha da önem kazandığını savunuyor. Ama kurumların içindeki insanların durduğu yerden bakıldığında iletişim devriminin başka bir anlamı daha var.

İletişim teknolojisinin gelişmesi, enformasyonun belirsizlikten uzak ve noksansız ifade edilebileceği, bütün şirkete özgün haliyle yayılabileceği anlamına geliyordu. Önceden emir komuta zincirinde aşağı doğru sözlü olarak aktarılan komutlar ve kurallar aracılardan geçer ve yorumlanırken, elektronik posta ve türevleri, bu dolayım ve yorumlamayı azalttı. Şirket girdilerini ve çıktılarını haritalandıran bilgisayar programları satış ve personel performansına dair bilgilerin ve projelerin şirketin tepesine doğrudan ve anında iletilebilmesini sağladı. 1960'larda otomobil endüstrisinde yöneticilerin verdiği bir kararın fabrikaya iletilme süresi, bir tahmine göre, beş aydı. Günümüzde bu süre çarpıcı bir düşüşle birkaç haftaya indi. Satış teşkilatında, satış temsilcilerinin performansları ev-ofislerinde çalışanların bilgisayar ekranlarında gerçek zamanlı olarak haritalandırılabiliyor.

Böylelikle, enformasyon devriminin sonuçlarından biri, komutların modülasyonu ve yorumlanması yerine yeni bir merkezileşme türünün gelmesi oldu. Bu merkezileşmenin toplumsal sonuçları, birazdan göreceğimiz gibi, derinlere iniyor. Sabırsız sermaye tarafından yönlendirilen yöneticiler için, teknolojik ilerlemenin doğrudan sonucu, bu yöneticilerde yeterince bilgi sahibi oldukları ve dolayısıyla tepeden anında değişim emri verebilecekleri inancına yol açmasıydı. Bu inanç genellikle sonlarını getiriyordu.

Teknoloji devriminin bir başka boyutu olan otomasyon, bürokratik piramidi derinden etkiledi: Bir kurumun tabanı bundan böyle geniş olmak zorunda değildi. Barkod okuyucular, ses tanıma teknolojileri, üçboyutlu obje tarayıcıları ve de insan parmağının yaptığı işleri yapan mikromakineler sayesinde şirketler rutin işleri artık verimli bir şekilde dağıtabiliyordu. Hem ağır işçilerin hem de beyaz yakalıların yaptığı işlerde bu böyleydi. Hedefinde en alttaki işlevsel katmanları –kurumsal bir erler ordusunu– kesip atmak olan yönetim, böylelikle, hem işgücünü azaltabilecek, hem de tasarruf edebilecekti.

Böyle bir teknolojik kapasite, kitlelerin içerilmesinin –toplumsal kapitalizmin toplumsal öğesinin– sona erebileceği anlamına gelir. Muhtemelen toplumun tam da en savunmasız üyeleri, yani çalışmak isteyen ama uzmanlaşmış insan becerilerine sahip olmayanlar, dışarıda bırakılacaktır. Eskiden de endüstriler ve devlet daireleri yardım kuruluşları gibi çalışmıyordu şüphesiz. Ne var ki, ticari büyüme, toplumsal yaşamda tedirgin edici değişiklik ve çalkantılar, yani istihdam zeminini yayarak baş edilebilen tehditler üretir: Bunu ilk fark eden Bismarck olmuştu. Artık bu eski yolla herkese iş yaratmak modern teknolojik gücü göz ardı etmek ya da ona karşı koymak anlamına geliyordu.

Otomasyon yayıldıkça, sabit insan becerileri alanı daralır. Bundan eli yıl önce insanın banka hesabını gösteren bir makineden bahsetmek bir bilim kurgu fantezisi gibi görünüyordu; şimdiyse hayatın ayrılmaz bir parçası. Burada yine idealleştirilmiş yeni benlik ortaya çıkıyor: Sürekli yeni beceriler öğrenen, "bilgi temelleri"ni durmadan değiştiren bir birey. Gerçeklikte bu ideal, makinenin gerisine düşmeme zorunluluğu tarafından yönlendiriliyor.

Tarif ettiğim bu üç yeni sayfa bugün sadece belli ekonomik bürokrasi türleri için geçerli. Büyükler; hisseleri kendi içlerinde satıyorlar; ve ileri teknolojiden kâr edebiliyorlar. Bu tür firmalar finans, hukuk ve sigorta hizmetleri alanlarında, bir de küresel imalat ve nakliye alanlarında görülüyor ve ürün tasarımı, reklam, pazarlama, medya ve bilgisayar tasarımı gibi tamamen uzmanlaşmış, daha küçük ölçekli hizmetler sunuyorlar.

Amerika ve Britanya'daki firmaların büyük çoğunluğunda ise çalışan sayısı üç binin altında; çoğu sadece yerel bir alanda hizmet veriyor ya da aile şirketi konumunda; bazıları, örneğin küçük ölçekli inşaat şirketleri, zanaata dayalı hizmetler veriyor. Bu firmalar küçük bürokratik piramitler olarak mükemmel şekilde işleyebiliyor. Eğer yaşı ilerlemiş bir yatırımcıysanız, türev piyasalarında maceraya atılmaktansa yerel bir sıhhi tesisat şirketi sahibi olarak kalıp geceleri daha rahat uyuyorsunuz. Ve bu tür küçük piramit firmalarının iç işleyişleri konusunda Weber hâlâ güvenilir bir rehber.

Küreselleşmiş, kısa vadede değerli, teknolojik açıdan karmaşık şirketi bir kurumsal değişim modeli olarak değerlendirirken bunu akıldan çıkarmamak önemli. Büyük devletler ve kentsel kurumlar bu modeli izleyerek kurumsal geçmişlerini terk etmeyi denediler. Siyasi reformcuları dehşete düşüren tam da bu uzun vadeli, kestirilebilir kârlar getiren büyük, istikrarlı bürokrasiler imgesi. Modern küresel yatırımcıların üzerinde oturduğu nakit dağının devlet hazinelerinde bir dengi yok elbet. Devletlerin "yatırımcıları" nihayetinde emekli maaşı ve sağlık hizmeti alacak olan işçilerden, okullar için vergi ödeyen ebeveynlerden oluşuyor; yani hepsi de içerideki paydaşlar. Bir Suudi petrol zenginini kısa vadede cezbeden bir iş modeli bu insanlara neden çekici gelsin ki?

Kaldıraçlı satın alma dünyasında başarıya ulaşabilen idealleştirilmiş benlik imgesiyle kültür resme yine dahil oluyor. Bu idealleştirilmiş kişi bağımlılıktan sakınır; başkalarına tutunmaz. Refah devleti reformcuları, tam da Bismarck'ın umduğu şeyden, refah devletinin kurumsallaşmış bağımlılığı teşvik etmesinden korkar. Reformcular, herkesçe bilindiği gibi, kurum içinde yaşamın yerine daha fazla kişisel inisiyatif ve girişim ister: Öğrenim için kredi kuponları, yaşlılık dönemi ve sağlık hizmeti için tasarruf hesapları... Kişinin refahı bir tür danışmanlık işi gibi yürütülür.

Bağımlılık korkusunu *tout court* bireyselcilikle eşit tutmak yanıltıcı olur. Yeni iş dünyasında başarıya ulaşanlar yoğun bir toplumsal sözleşmeler ağına ihtiyaç duyar; küresel kentlerin biçimlenme nedenlerinden biri, tam olarak, yüz yüze ilişkiler ağı kurmak için yerel bir zemin sağlamalarıdır. Şirketlere yalnızca bilgisayarlarla bağlı olan, evden çalışan ya da dışarıda kendi başına satış yapan insanlar, işyeri sohbetleri vasıtasıyla enformel bağlantılar kurma olanağından mahrum kalır.

Bağımlılık korkusu daha çok, öz denetimi kaybetme endişesine ve psikolojiyle daha çok ilintili olan, başkalarına boyun eğmekten duyulan utanca verilen isimdir. Yeni ekonomi modelinin demir kafesi yıkarak başardığı tek şey, bu toplumsal ve duygusal travmaları yeni bir kurumsal biçim içinde yeniden canlandırmak olmuştur. Bu da yeni ekonomi modelinin barındırdığı en büyük ironilerden biridir.

D. KURUMSAL MİMARİ

Kurumların yeni sayfası boş bir sayfa değildir. Yeni kurumsal mimariyi piramit gibi geleneksel bir yapıyla değil de eşsiz bir modern makineyle kıyaslamak, bu sayfa üzerinde neler yazdığı hakkında düşünmemizi kolaylaştırabilir.

Bu yeni yapı bir MP3 çalar gibi işler. MP3 makinesi, repertuarından yalnızca birkaç parça çalmaya programlanabilir; keza, esnek şirket de, herhangi belli bir zamanda pek çok olası işlevinden yalnız birkaçını seçip yerine getirebilir. Eski tarz şirketlerde ise üretim sabit bir dizi edim vasıtasıyla yapılır; zincirdeki halkalar bellidir. Yine, bir MP3 çalarda şarkılar herhangi bir sıraya göre çalacak şekilde programlanabilir. Esnek bir şirkette de üretimin sırası istendiğinde değiştirilebilir. Örneğin, ileri teknoloji yazılım programlama firmaları söz konusu olduğunda, kurum, gelecek vaat eden, yenilikçi bir resim görüntüleme programının bir parçasına odaklanıp, sonra görüntülemeyi basitleştiren rutin kod desteği üzerinde çalışmaya dönüp, sonra da ticari olanakları düşünerek devam edebilir. Bu, sabit işlevli değil, görev-yönelimli emektir. Doğrusal gelişmenin yerini, oradan oraya sıçramaya istekli bir mizaç alır.

Bu yeni çalışma şekli işletme dilinde kurumların katmansızlaştırılması denen şeye izin verir. İşletmeci, taşeronluk sisteminden faydalanarak bazı işlevlerin başka firmalarca ya da başka yerlerde yapılmasını sağlamak yoluyla şirket içindeki katmanlardan kurtulabilir. Şirket bir şişer, bir daralır, firma bir görevden bir diğerine hareket ettikçe çalışan sayısı artırılır ya da eksiltilir.

Emek gücünün "geçicileşme"si, dışarıdan geçici çalışanlar ya da taşeronlar kullanılmasından daha fazlasını ifade eder; firmanın iç yapısıyla ilgilidir. Çalışanlar üç ya da altı aylık sözleşmelerle bağlanabilir ve bu sözleşmeler çoğu zaman yıllar sonra yenilenir; böylelikle işveren sağlık ya da emeklilik sigortası primlerini ödemekten kaçınabilir. Dahası, kısa vadeli sözleşmelerle çalışan işçiler görevden göreve kolaylıkla hareket ettirilebilir, sözleşmeler firmanın değişen etkinliklerine uyacak şekilde değiştirilir. Ve firma, personelden sıyrılıp kurtularak ya da personel ekleyerek, hızla daralabilir ve genişleyebilir.

Geçici çalışanların sayısını belirlemek, firma içindeki kısa süreli işçilerin sayısını belirlemekten daha kolay ama her iki alanda da rakamlar bu haliyle bile çarpıcı. Amerika Birleşik Devletleri'nde ve Britanya'da geçici emek, emek gücünün en hızlı büyüyen sektörü; emeklilik ve sağlık sigortası olan geçici işçiler bugün ABD'nin emek gücünün %8'ine denk geliyor. Perakende satış alanında, restoranlarda ve diğer hizmet işlerinde sigortasız ve kısa süreyle istihdam edilen insanların sayısı da eklendiğinde bu Amerikan emek gücünün beşte biri gibi bir orana tırmanıyor.

Kurumların bu üç yapıtaşı –geçicileştirme, katmansızlaştırma ve doğrusal olmayan sıralama– bir arada ele alındığında, şirketin zaman çerçevesini daraltır; âcil ve ufak görevler odak noktası haline gelir. İnternet yoluyla ticaretin gelişmesi bu bakımdan bir mucizeydi, muazzam ölçüde karmaşıklaşmış bir iletişim sistemi, parçalar halinde, hızla gelişti. Bunun yatırımcılar için cazibelerinden biri tam da firmalardaki değişim, kaos ve hareket çılgınlığıydı, firmalar çalkalandıkça çekici hale geliyordu. Sadece birkaç yatırımcı ne satın aldığını biliyordu; çoğunun tek bildiği, aldığı şeyin yeni olduğuydu.

* * *

Toplumsal açıdan baktığımızda, kısa vadeli, görev odaklı emek, işçilerin bir arada çalışma şeklini değiştirir. Emir komuta zinciri piramidinde, vazifeni yapar, işlevini gerçekleştirirsin ve bir işin hamili olarak ya performansın veya kıdemin için eninde sonunda ödüllendirilirsin ya da görmezden gelinir veya kıdemini kaybedersin. Her iki durumda da, firmanın altyapısı yeterince açıktır. Yer değiştiren, kısa vadeli, görev odaklı emekte ise değildir. Firmanın yapısı incelenecek somut bir nesne değildir, geleceği kestirilemez. Geçici çalışanlarla görüşme yaparken şunu gördüm ki bu ortam içinde başarılı olanlar belirsizlik karşısında yüksek bir toleransa sahip. Bir yönetici yardımcısı bana şöyle dedi: "Ne zaman yeni bir işe başlasan numara yapmak zorunda kalırsın. Patron, yapılması gerekenleri ve onun ne istediğini bilmeni bekler. Ama tabii ki sen bilmiyorsundur. Bu mücadele etmesi güç bir durum." Esnek şirketlerin "insan ilişkileri becerileri"ni vurgulaması ve "kişilerarası" eğitim sunması bir rastlantı değil. Psikolojik içerik boşaltıldığında geriye somut bir gereksinim kalır; bu tür ortamlarda insanlar kötü tanımlanmış koşullarla yüz yüze geldiğinde proaktif olmak zorundadır.

Akıcı yapılarda vazifenin yerini duyarlılığın alması, açık insan ilişkilerinin esnek şirketlerde daha önemli olduğu izlenimini verebiliyor; yeni sayfa kâhinleri bu izlenimi kanıtlanmış olgu sayıyor. MP3 çalar ile esnek şirket arasında üçüncü bir benzerlik, karşılıklı farkındalığın kaygı ve çoğu zaman, kurumsallaşmış paranoyayla renklenmesinin nedenini göstermesidir.

Bir MP3 çalarda patron, merkezî işleme birimindeki lazerdir. Materyale rasgele erişim bulunmakla birlikte, makinenin esnek bir şekilde işleyebilmesinin tek nedeni, merkezî işleme biriminin bütünü kontrol ediyor olmasıdır. Benzer şekilde, esnek bir şirkette de, iktidar merkezde yoğunlaşır; şirketin merkezî işleme birimi görevleri belirler, sonuçları değerlendirir, firmayı genişletir ve daraltır. Yeni analitik teknolojiler, firmaların Michel Foucault'nun "panoptik gözetleme" dediği şeyle meşgul olmasını olanaklı kıldı; bu teknolojiler kaynakların ve performansın gerçek zamanlı haritalarını bilgisayar ekranına taşıdı. Ne var ki, bu bilgisayarlı gözetleme Taylor'ın ve daha önceki bir dönemin verimlilik uzmanlarının tahayyül ettiği denetimden farklı.

Hızlı, esnek sonuçlar üretmek için, çalışma gruplarına belli bir özerklik verilmesi gerekir. Aslında firma özerkliği, şirket içi piyasalar vasıtasıyla uygulamaya çalışacaktır; bir bilgisayar kodu parçası yazma, para toplama yahut bir ürün tasarlama konusunda ekipler arasındaki rekabetin şartlarını merkez belirler, sonra da beş-altı takım o işi yapmak için birbiriyle rekabet eder. Piramit formunu temel alan Taylor'a göre bu son derece verimsiz olacaktır, çünkü çabayı ikiye katlar; fakat yeni, esnek düşünüşte önemli olan, en iyi sonucu mümkün olan en kısa sürede üretmektir. Bu daha modern bir verimlilik ölçütüdür. Bu tür bir şirket içi rekabet, iktisatçı Robert Frank'in "kazanan her şeyi alır" dediği türden ödüllere yol açar: Büyük ödüller sadece kazanan takıma verilir, teselli ödülü ya birkaç tanedir ya hiç yoktur.[12]

12. Robert H. Frank, *The Winner-Take-All Society: How More and More Americans Compete for Ever Fewer and Bigger Prizes, Encouraging Economic Waste, Income Inequality, and Impoverished Cultural Life*, Free Press, New York, 1995

Ben ve pek çok başka araştırmacı gördük ki sistem işçiler arasında yüksek düzeyde stres ve kaygı üretiyor. Aslında her tür rekabet strese yol açar; kazananın her şeyi aldığı piyasalarda riskler yükselir. Fakat şirket içi piyasalar stresi daha da yükseltir, çünkü rakip ile iş arkadaşı arasındaki çizgi belirsiz hale gelir. Görüştüğüm geçici çalışanlar arasında stresle daha kolay başa çıkanların bunu yapabilmesinin tek nedeni var: Duygusal açıdan firmaya bağlı değiller. Yukarıda sözlerini aktardığım yönetici yardımcısının aksine, Batı Sahili'ndeki bir ileri teknoloji firmasında çalışan deneklerimden biri, küçük çocuğuna bakmak için eve erken gitmek zorunda olduğunu ve bir şirket içi rekabette kazanan takımın bu durumdan "faydalandığından" yakındı; çocuğuna bakacak başka kimsesi olmaması sayesinde "kazanabileceklerini" biliyorlardı. Onlar sahte iş arkadaşlarıydı.

Bu durumu otuz yıl önce incelediğim piramit biçimli firmalardakiyle kıyaslamanın bir yolu, kaygı ile korku arasındaki duygusal farkı ortaya koymak. Kaygı olabilecek şeylerle, korku ise olacağı bilinen şeylerle ilgilidir. Kaygı, kötü tanımlanmış koşullarda ortaya çıkar; korku, acı ya da talihsizlik iyi tanımlanmış olduğunda. Eski piramitte başarısızlık, korku temelli olurdu; yeni kurumda başarısızlık kaygı tarafından şekillendiriliyor. Firmalar yeniden tasarlandığında, çalışanların kendilerine ne olacağı konusunda genellikle hiçbir fikri olmuyor, çünkü şirket yeniden yapılanmasının modern biçimleri, firmanın iç işleyişinden çok, finans piyasalarında üretilen borç senetleri ve hisse-bedeli değeri tarafından belirleniyor. Değişimi tasarlayanlar birleşme ya da satış gerçekleştikten sonra ne yapacakları konusunda genellikle pek az bir fikre sahip oluyor. Tacir banka sahiplerinin ya da yatırımcıların netleştirebilecek konumda olmadığı bu belirsizlik, kaygıyı bütün mevkilere yayıyor. Neredeyse kesin olan bir şey, firma içi eşitsizliğin yoğunlaşacağı. Ama bu özel bir eşitsizlik türü.

* * *

Eşitsizlik modern ekonominin yumuşak karnı haline geldi. Pek çok biçimde ortaya çıkıyor: Üst düzey yöneticilere ödenen muazzam tazminatlar, şirketlerin en tepesindeki ve en dibindeki ücretler arasında genişleyen bir uçurum, seçkinlerin gelirine kıyasla orta gelir katmanlarındaki durgunluk. Kazananın her şeyi aldığı rekabet türü, çok büyük maddi eşitsizlikler üretiyor. Bu servet eşitsizlikleri, belli türden firmalarda, büyüyen bir toplumsal eşitsizlikle at başı gidiyor.

Yeniden örgütlenme keşmekeşi içindeki bürokrasilerde, bürokrasinin ara katmanlarının silinmesi, iktidarın aşağı doğru iletilirken yorumlanmasını ve enformasyonun yukarı doğru iletilirken modüle edilmesini sağlayan iletişim zincirini ortadan kaldırabiliyor. Yeniden biçimlendirilen esnek firma, bu daha da dağınık hale gelmiş zemini haritalandırabiliyor. Merkez, çevreyi, belirli bir şekilde yönetiyor. Çevredeki insanlar emek sürecinde bir başına, emir komuta zincirinin yukarısıyla ve aşağısıyla fazla bir etkileşimi yok; bir Tai ayakkabı dikişçisiyle Milanolu bir moda düşkünü arasında sosyal ilişkiye benzer hiçbir şey yok; Soros'un ifadesiyle, ilişki kurmuyor, iş(lem) yapıyorlar. Çevredekiler merkeze karşı sadece sonuçlardan sorumlu. Bu mesafeli ilişki, *nihayetinde*, küreselleşmenin coğrafyası. Bunun aksi yönündeki uç noktada, bürokratik bir piramitte, paternalist işveren oturur. Servet ve iktidar açısından bakıldığında, Henry Ford gibi bir paternalist, montaj hattındaki işçilere aslında herhangi bir modern küresel büyük işadamı kadar eşitsiz davranıyordu. Ancak sosyolojik açıdan bakıldığında onlara daha yakındı, tıpkı generalin savaş alanında birliklerine bağlı olması gibi. Buradaki sosyolojik fikir şudur: Eşitsizlik mesafeye dönüşür; mesafe ne kadar fazlaysa –iki tarafta da hissedilen bir bağlantı ne kadar azsa– aralarındaki toplumsal eşitsizlik de o kadar büyüktür.

Danışmanlık işi, toplumsal mesafenin gerçek hayatta nasıl işlediğini anlamak için mükemmel bir örnek. Danışmanlar, modern bürokratik iktidarın temel bir malzemesi; onun makinelerini yağlıyorlar. İlkede, danışmanların amacı nesnel tavsiyeler vermek ve stratejiler geliştirmek; oysa uygulamada, şirketin çevresindekilerin etkinliklerini örgütlemek –zorunlu emeklilikler, departmanların kaldırılması, hayatta kalmayı başaranlara yeni görevler vermek– gibi acı verici bir iş yapıyorlar.

Cambridge Üniversitesi'nden Georgina Born, danışmanlığın modern etnografyasını belki de en iyi şekilde ortaya koydu.[13] Born, 1990'ların BBC'sini (British Broadcasting Corporation) inceledi. Bu dönemde, reform yanlısı yönetici John Birt, BBC'nin on yıllık stratejisini yeniden şekillendirmesi için McKinsey danışmanlık grubuyla bir yıllığına anlaşmıştı. Çoğu sosyal bilimlerde yüksek lisans derecesine sahip olan genç erkeklerden oluşan danışmanlar burada ne iş yapıldığını şirketi yeniden tasarlarken öğrendi. Strateji, BBC'nin çalışırken uyguladığı süreçleri –kimin kime ne rapor ettiğini ve ne rapor etmesi gerektiğini– resmen değiştirmeyi amaçlıyordu. Ne var ki, McKinsey danışmanları ne bu değişiklikleri uygulama konusunda bir sorumluluk aldı, ne de değişimin insanî sonuçlarıyla ilgilendi; uzmanlık kazandığı alandan, önünü görmeden ilerlediği bir alana kaydırılan çok sayıda insan da bu sonuçlar arasındaydı. Bu "yaratıcı endüstri"nin danışmanlarının kendileri yaratıcı çalışma konusunda pek bir bilgisiz, bu yüzden de işin esas değerini göz ardı etme eğilimindeydi. Danışmanlar paralarını alıp ayrıldılar, BBC içindeki toplumsal mesafeleri artırarak, şirketi kargaşa içinde bıraktılar. Değişimin ortasında yaşanan bu insanlar arası kopukluk ise çalışanlardaki kaygı duygusunu çarpıcı şekilde artırdı.

Üst yönetim, danışmanları işe alarak ne kazanır? Kısmen, danışmanın varlığı iktidarın uygulandığı yönünde ideolojik bir sinyal –şirketin iradesine ve kararlılığına dair bir mesaj– verir. Kâr sektöründe bu türden bir sinyal vermek önemlidir: Kurumsal aksama, yatırımcılar açısından bir işaret vazifesi görür, firmaya bir şeyler olduğu –ne kadar kötü tanımlanmış olursa olsun, değişim– işareti, çoğu zaman hisse bedelini yükseltir. Fakat firmalar içinde toplumsal me-

13. Georgina Born, *Uncertain Vision: Birt, Dyke and the Reinvention of the BBC*, Secker and Warburg, Londra, 2004, karş. 212-53.

safenin artmasının başka bir faydası daha vardır.

MP3 çaların merkezindeki yöneticiler, danışmanlar kiralayarak, güç kararlar verme sorumluluğunu üstlerinden atabilirler. Merkezî birim komuta eder fakat sorumluluktan kaçınır. Uygulamada, yeniden örgütlediği firmaya sonradan katılan danışman sayısı çok azdır, katılanlar da sorumlu tutulmaktan kaçınırlar. Komuta ile sorumluluk arasındaki bu ayrılma, danışmanlık pratiğinin uzun siyasi erimini açıklıyor. Sovyet imparatorluğunun 1989'daki çöküşünün ardından uluslar BBC'dekiyle aynı türden bir davranışa maruz kaldılar. Polonya ve Rusya'da, danışman ekipleri devlet bakanlıklarının üzerine sökün etti, amaç bunları dağıtmak ya da özel iş alanlarına çevirmekti. Harvardlı akademisyen Jeffrey Sachs, Polonya'yı bir serbest piyasa deneyi gibi ele aldı fakat Polonya'da devlet memuriyetinde kalmadı. Ekonomiyi yeniden örgütleyip, ki Polonya ekonomisi hâlâ bu deneyin etkilerini üzerinden atmaya çalışıyor, sonra Birleşik Devletler'e döndü ve çevre sorunlarıyla ilgilenmeye başladı.

Danışmanlığın denetimi sorumluluktan ayıran toplumsal mesafeler yaratması, bürokratik zeminde meydana gelen temel bir kaymayı, eşitsizliğin yeniden düzenlenmesini, artan toplumsal mesafeyi açığa vuruyor. İktidar en tepede yoğunlaşmış olabilir; fakat bu durum otoriteyi güçlendirmiyor.

E. OTORİTE VE DENETİM

Otorite, karmaşık bir toplumsal bağımlılık sürecini ifade eder.[14] Otorite sahibi bir kişi, itaat görmek için kaba kuvvet kullanan bir tirandan farklıdır. Weber'in uzun zaman önce gözlemlediği gibi, otorite sahibi bir kişi, gönüllü itaate yol açar; uyrukları ona inanır. Haşin, zalim, adaletsiz olduğunu düşünebilirler ama yine de, bir şey daha vardır. Aşağıdaki insanlar, kendilerinden yukarıda olanlara bel bağlar. Karizmatik otorite biçimleri söz konusu olduğunda, aşağıda-

14. Richard Sennett, *Otorite*, çev. Kamil Durand, Ayrıntı Yayınları, 2005.

kiler, kendilerinde eksik ve işlemez durumda olanı otorite figürünün tamamlayacağına ve işler hâle getireceğine inanırlar; bürokratik otorite biçimlerinde, kendilerinden kurumların sorumlu olacağına, kurumların bu sorumluluğu üstleneceğine inanırlar.

Ordular hem karizmatik hem de bürokratik otoritenin açık bir örneğini sunar. Kendilerinden daha çok irade ya da cesarete sahip komutanları için ölmeye hazır olan askerler, vasat subaylar için de hayatlarını vereceklerdir; makam, yetersiz olana otorite verir. Joseph Heller'ın savaş romanı *Catch-22*'yu [Madde 22]* okumuş herkes bu ikiliğe aşinadır. Romanda, askerlerin yetersiz üstleriyle ilgili kinik görüşleri, gönüllü itaatle bir arada var olur. Sivil hiyerarşiler de aynı otorite ikiliğini yaratır. Bürokratik çalışma piramidi üzerine yapılmış klasik bir incelemede Reinhard Bendix, çalışanların patronlarının tavsiyelerine bel bağladığını, ne yöne gideceklerini onlara sorduğunu, onaylarını almaya çalıştığını, çalışma saatleri dışında bile işverenlerinin kişilikleriyle ilgili iğneli sözler sarf ettiklerini görmüştür.

MP3 gibi çalışan kurum, karizmatik lideri göklere çıkarabilir ama yine de kurumsal otorite istemez. Bunun nedeni kısmen, yöneticilerin davranış şekli, danışman gibi hareket etmeleridir. Örneğin yönetimin tepesinde meydana gelen süratli bir değişim bu etkiye sahip olabilir. Böyle zamanlarda, iktidarda, şirkete bağlılık göstermiş, şirketin sorunlarını deneyimlemiş, aşağıdakilerin emeğine tanıklık edebilecek kimse kalmaz. Merkez ile çevre arasında meydana gelen mutlak kopma, çevrede, merkezdeki belli bir insanın ya da tanımlanabilir bir grubun gerçekten iş başında olduğu inancını kısmen dağıtır. Örneğin, bir finansal hizmetler firması çalışanlarının "e-postayla yönetilme"yi son derece tiksindirici bulduğunu gördüm; insanlar zırt pırt yerlerinin değiştirildiğini bildiren mesajlar alıyor, hatta bu şekilde kovuluyorlardı; "çok korkak" dedi içlerinden biri, "yüzüme söyleyemeyecek kadar korkuyor." Sorumluluğu defetmenin başka bir boyutu daha var.

---

* Joseph Heller, *Madde 22,* çev. Niran Elçi, İthaki Yayınları, 2006.

Durmadan personel değiştiren bir ileri teknoloji firmasının personel kayıtlarını incelerken *muhtaç* ve *bağımlı* sözcüklerinin genellikle negatif anlamlı sözcükler olarak kullanılması dikkatimi çekmişti. Bir personel müdürü bana çalışanlarında bağımlılık içermeyen öz-disiplin gibi bir şey aradığını söyledi. Bu kurumsal açıdan anlamlı. Birbirinden kopuk pek çok etkinlik aynı anda devam ettiğinde, operasyonlar, büyük firmalar söz konusu olduğunda coğrafi olarak çevrede, orta ölçekli şirketler söz konusu olduğunda tüm şirket içinde parçalara ayrılır. Bu şartlar altında insanlar aslında bir başınadır; merkezin bildirdiği hedeflere, verdiği komutlara ve performans değerlendirmelerine en iyi nasıl yanıt verecekleri konusunda kendi hallerine bırakılmışlardır. Buna karşın, öz-yönetimi övmek hiç de masumane bir davranış değildir. Firma, denetimi altındaki insanlara karşı sorumlulukları konusunda eleştirel bir şekilde düşünmek zorunda değildir artık.

Tıpkı başı çeken şirketler gibi, böylesi çalışanlar da özel vakalardır. Bazılarına göre artırılmış merkezi kontrol ve azaltılmış otoritenin meydana getirdiği bileşim mükemmel sonuç verir. Başı çeken şirketler girişimci zihniyetli gençleri cezbetmek ister; otorite figürü olarak hizmet etme arzusu düşük olan her yaştan insan için iyi yerlerdir bunlar. Gerçekten de bu kurumlarda en rahat olduğunu gördüğümüz insanlar, teknik becerileri yüksek olanlardır. Eğer kurumdan soğurlarsa, bu becerileri kolaylıkla başka bir yere nakledebilirler. Bilgisayar hizmeti çalışanları, kendi namına çalışan borsa simsarları, editörler ve reklamcılık sektöründeki sanat yöneticilerinin hepsi de bu kalıba uyarlar.

Meslektaşım Michael Laskaway genç girişimciler arasında yaptığı araştırmada, düşük-otorite firmalarında bu rahatın kısa ömürlü olduğunu gördü. Yaklaşan orta yaş kabusu, çocuklar, ev taksiti ödemeleri ve bekleyen okul harçları belirdikçe, işyerinde yapıya ve kestirilebilirliğe duyulan gereksinim artar. Buna mukabil, çalışan, artık üstünde işçilerin yetişkin sorumluluklarına duyarlı biri olsun ister.

Başı çeken kurumlar kamu kurumları için bir model haline geldiğinde, iktidar ile otorite arasındaki ayrılık da daha genel bir sorun haline gelir. Britanya ve Almanya'daki refah devleti reformcuları, refah hizmeti verirken, son derece merkezîleşmiş, azalmış otorite modelini hedeflemiştir; dolayısıyla, hasta ve yaşlılar muhtaç oldukları için damgalanabilirler. Fakat kamu alanında, yoğunlaşmış iktidar ile düşük-otorite, iktidardakiler için bir tehlike haline gelir. Meşruluk için bel bağlayabilecekleri tek şey karizmalarıdır; karizması olmayan reformcular zalim, sorumluluktan sakınan kurumlar tümden sorumsuz kabul edilir.

Yeni kapitalist girişim modeli kamu alanına uygulandığında meydana gelen meşruluk krizi konusunu bu bölümün sonunda irdelemeye çalışacağım. Şimdi, yeni ekonomik kurum içindeki toplumsal yaşam konusunu ele almaya devam etmek istiyorum. Bürokrasinin demir kafesini parçalamanın beraberinde getirdiği yapısal değişimler üç toplumsal eksiklik yaratır.

F. ÜÇ TOPLUMSAL EKSİKLİK

Yapısal değişimin üç eksikliği, düşük kurumsal sadakat, işçiler arasında enformel güvenin azalması ve kurumsal bilginin zayıflamasıdır. Sıradan işçilerin yaşamlarında bunların hepsi de, tek tek, fazlasıyla somuttur. Bir ölçüde soyut bir düşünsel araç, bir kavram, bunları birbiriyle ilişkili hale getirir.

Sosyoloji bu araca toplumsal sermaye adını verir; fakat sosyologların tarzı olduğu üzere, bunun ne anlama geldiği konusunda kendi aramızda fikir birliği içinde değiliz. Robert Putnam'ın temsil ettiği bir okul, toplumsal sermayeyi insanların toplumsal ve kentsel örgütlere gönüllü katılımı açısından tanımlıyor.[15] Alejandro Portes ve Harrison White tarafından geliştirilmiş bir başka okul, –aile, eği-

15. Robert D. Putnam, *Bowling Alone: The Collapse ans Revival of American Community*, Simon and Schuster, New York, 2000.

tim ve emek alanlarındaki– ağlara odaklanıyor. Putnam dahil olmaya *isteklilik*'i vurgularken, Portes ve White toplumsal sermayeyi, insanların ağlara ne kadar derin ve geniş bir şekilde, isteyerek mi yoksa zorunluluk nedeniyle mi dahil *oldukları* açısından tartıyor.[16] Benim toplumsal sermaye görüşüm Putnam'dan çok, Portes ve White'ın görüşüne yakın; insanların dahil olmalarıyla ilgili *muhakeme*lerini vurguluyor. Bana göre, toplumsal sermaye, insanlar katılımlarının niteliğinin zayıf olduğuna karar verdiğinde düşük, ilişkilerinin niteliğinin iyi olduğuna inandıklarında ise yüksektir.

Bu şekilde ele alındığında toplumsal sermayenin düşük mü, yüksek mi olduğunu belirlemede başlıca ölçüt sadakattir. Askeri örgütlerin yüksek bir toplumsal sermayesi vardır; bu, insanlar kuruma ya da bir ordu içindeki askerler ağına sadakatleri gereği yaşamlarını feda etmeye istekli olduklarında kanıtlanır. Sivil toplumdaki başı çeken kurumlar bunun tam tersi uç noktada yer alır. Bu kurumlar son derece düşük sadakat düzeyleri yaratır. Nedenini uzaklarda aramaya gerek yok. Eğer bir işveren size kendi başınızın çaresine bakmanızı, ihtiyacınız olduğunda kurumun size yardım etmeyeceğini söylüyorsa neden ona fazla bir sadakat duyasınız ki? Sadakat, katılımcı bir ilişkidir; hiçbir iş planı, ne kadar güzel ya da mantıklı olursa olsun, sırf çalışanlar planın oluşumuna katılmadığı için, dayatıldığı insanların sadakatini tek başına kazanmayacaktır.

Yakın geçmişteki ekonomik gerilemede iş dünyası düşük sadakatin pratikteki sonuçlarını öğrendi. Ani ve hızlı yükseliş, şirketlerin en ucuz tedarikçi ya da taşeronları bulmak için internetten faydalanmasını olanaklı hale getirdi; her şey yolunda giderken işler gerçekten de uzun süreli ilişkilerden ziyade kısa vadeli işlemler gibi yürütülebiliyordu. Ani yükseliş sırasında iş dünyası guruları "sadakat[in] öldü"ğünü ve her gayretli çalışanın bir girişimci gibi davranması gerektiğini üstü kapalı bir övünçle ilan ettiler.[17] İşler kötü-

16. Harrison C. White, *Markets from Networks: Socioeconomic Models of Production*, Princeton UP, Princeton, 2002.
17. Sennett, *Karakter Aşınması*.

leştiğinde ise şirketler tedarikçilerin ve taşeronların kredi vadelerini uzatmasına, borcu muhasebe defterlerinde tutmaya devam etmesine ihtiyaç duydu; ama bu sorunları neden bir başkası üstüne alsındı ki? Hiçbir karşılıklı sadakat ağı gelişmemişti.

Şimdi iş döngüsü düşüşteyken işletmeler, çalışanların maaş ya da sigorta kesintilerini kabul ederek firma uğruna fedakarlıkta bulunmasına ihtiyaç duyuyordu. Amerika ve Britanya'da bunun başlıca örneği havayolu endüstrisiydi; daha sonra medya ve teknoloji sektörleri de onlara katıldı. Fakat çalışanlar ayak diredi. Örneğin, neredeyse iflas etmiş olan British Airways, şirketin batıp batmamasını umursamayan hizmet çalışanlarının sık sık tekrarlanan habersiz grevleriyle karşılaşıyordu. Diğer çalışanlar işlerini kaybetmemek için gerçekçi davrandıklarında bile, hizmet çalışanları şirketin hayatta kalması için çok az olumlu çaba gösterdi.

Sadakat, iş döngüsünde hayatta kalmak için zorunlu bir malzemedir. Düşük toplumsal sermaye en çok, yırtıcıları püskürtme gayretindeki firmaları etkiler. Çalışanlar söz konusu olduğunda ise sadakat eksiklikleri stresi, özelikle de, bulgularımıza göre, uzun saatler boyunca çalışmanın neden olduğu stresi daha da artırır. Alabildiğine uzatılmış, yoğun işgünü amaçsız görünebilir; baskı kamçılamaktan ziyade bunaltıcı hale gelir. Reklam sektöründen bir tasarımcı, "uzun çalışma saatlerinin bana bir faydası yok" demiş ve şöyle devam etmişti: "Bu şirket de zerre kadar umurumda değil, öyleyse niye çalışayım ki?" Yakın zamanda Britanya'da günde on saatten fazla çalışan insanlarla yapılan geniş ölçekli çalışmalar hissiyata açıklık getiriyor. Düşük toplumsal sermayesi olan firmalarda baskı başlı başına bir sorun, bağımsız ve boğucu bir deneyime dönüşüyor ve bu tür bir baskı altında olan çalışanların alkolik olma, boşanma ya da sağlık sorunları yaşama olasılığı, yüksek-sadakat firmalarında günde on saatten fazla çalışan insanların bunlarla karşılaşma olasılığından çok daha fazla.

İkinci bir toplumsal eksiklik, düşük sadakatten daha az aşikâr olan, güvenle ilgili. Güvenin iki şekli var: formel ve enformel. Formel güven, bir tarafın bir sözleşmeye, diğer tarafın o sözleşmenin şartlarını yerine getireceğine inanarak girmesi anlamına gelir. Enformel güven, özellikle bir grup baskı altındayken, kime bel bağlayabileceğinizi –kimin dağılacağını, kimin zoru başarabileceğini– bilmenizle ilgilidir. Enformel güvenin gelişmesi zaman alır. Bir ekipte ya da ağda, davranış ve karakterle ilgili ufak ipuçları ancak adım adım ortaya çıkar; başkalarına karşı takındığımız maske, bir krizde ne kadar bel bağlanabilir olduğumuzu normal olarak örter. Kısa vadeye yönelmiş bürokrasilerde başka insanlara dair böyle bir anlayış geliştirmeye genellikle zaman yoktur. Altı aylık bir ömrü olan bir ekip, ömrü yıllarla ölçülebilen bir ağ ile karşılaştırıldığında, insanların stres altında nasıl davranacağını çok daha az açığa vurur.

Otuz yıl arayla meydana gelen iki endüstriyel kazada enformel güvenin gücüne ve zayıflığına tanık oldum. Birincisinde, eski tarz bir fabrikada bir yangın patlak verdi ve yangın fıskiyelerinin bağlı olduğu devrenin bozuk olduğu ortaya çıktı. Yöneticiler bağıra çağıra talimatlar yağdırıyordu ama bu telaşede onları dinleyen yoktu. Fakat montaj hattı işçileri birbirini kimin ne yapabileceğini bilecek kadar iyi tanıyordu; fabrikadaki hasar güçlü bir enformel ağ sayesinde kısa sürede kontrol altına alındı. Bundan otuz yıl sonra, Silikon Vadisi'nde bir fabrikada havalandırma sistemi, bu ileri teknoloji binasından beklenmeyecek bir tasarım hatası sonucu, zararlı gazları atmak yerine emmeye başladığında, tesadüfen ben de oradaydım. Çalışma ekipleri bir arada kalmadı; pek çok insan çıkış kapılarına doğru tehlikeli bir şekilde çılgınca koşmaya başladı, bu arada diğerleri, daha cesur olanlar, kendilerini nasıl örgütleyecekleri konusunda tam bir şaşkınlık içindeydi. Olayın ardından yöneticiler, ki pek çoğu doğru tepkiler vermişti, bu üç bin iki yüz kişilik fabrikanın, içlerinden birinin dediği gibi, "kağıt üzerinde üstünkörü örgütlenmiş" olduğunun farkına vardı.

İşyerindeki daha sıradan baskı biçimleri de enformel güven eksiklikleri yaratabilir. Tüketici talebindeki değişimlere hızlı bir şekilde tepki vermek zorunda olan işletmeler, çalışma ekiplerinin sık sık değişmesi gerektiğinden, enformel güveni genellikle azaltır. İster işletme, ister bir devlet dairesi olsun, bir kurumun şirket tarzında tasarlanması da enformel güveni ciddi şekilde azaltabilir, çünkü insan ilişkilerinin yeniden örgütlenmesine yönelik talimatlar beklenmedik şekilde yukarıdan ve dışarıdan gelir.

Örgütlenmiş zaman etrafında dönmesi bakımından düşük enformel güven basit bir insan karakteri meselesinden çok örgütsel bir eksikliktir. Eski çalışma dünyasından yenisine geçmiş habis bir uygulamadır. Taylor ve diğer sözüm ona bilimsel iş analistleri zaman-ve-hareket etütleri yaparken daraltılmış zamana, yani en kısa zamanda ne kadar iş yapılabileceğine odaklandılar. Bir şirketin ömrünün aylarını yahut yıllarını nadiren incelediler; belki de firmanın dayanıklılığını tartışmasız kabul ettikleri için. Daha geniş bir varsayımda bulunulmadığına göre, zaman hâlâ mikro-yönetiliyordu. Böyle sürekliliği olmayan firmalarda çalışanların diğer işçileri gerçekte tanımaması ancak kaygıyı artırabilir; şirketin yüzeysel yanlarını vurgulayan bu tür firmalar, insanların zaman içinde iyi tanır hale geldikleri başkalarıyla birlikte uzun vadeli kariyerler yaptığı kurumlardan daha kişidışı ve geçirımsizdir. Sonuç, kolaylıkla parçalanabilen ağlardır.

Üçüncü toplumsal eksiklik kurumsal bilginin zayıflamasıyla ilgili. Eski bürokratik piramidin kötü özelliklerinden biri bükülmezliğiydi; makamlar sabitti ve insanlar onlardan tam olarak ne beklendiğini bilirdi. Piramidin meziyeti ise sistemin nasıl çalıştırılacağıyla ilgili bilginin birikmesine izin vermesiydi; bu, kurallara ne zaman istisnalar yapılacağını bilmek ya da arka kapı ayarlamaları yapmak anlamına geliyordu. Ordularda olduğu gibi büyük sivil bürokrasilerde de sistemi nasıl manipüle edeceğini bilmek bir sanat formuna dönüşebilir. Bu türden kurumsal bilgisi en yüksek olan insanlar şirket hiyerarşisinde genellikle aşağılarda yer alırlar. Fabrikalardaki sendika temsilcileri beyaz gömlekli patronlarından daha fazla kurumsal bilgiye sahiptir; resmi dairelerde kurumsal bilginin taşıyıcıları sekreterler ve asistanlardır, hastanelerde çalışan hemşirelerin, bürokrasi konusunda, hizmet ettikleri doktorlardan daha becerikli olduğu herkesçe bilinir. Bu tür kurumsal bilgi enformel güveni tamamlar; bürokrat, zaman içinde, deneyim biriktikçe, bürokratik çarkların nasıl yağlanacağını öğrenir.

Ama bürokratik piramitler reformunda bu alt düzey görevliler çoğu zaman ilk gönderilenler olur. Yönetim, bilgisayar teknolojisinin bu insanların yerini alabileceğini hayal eder, oysa çoğu işletme yazılımı, kuralları uyarlamaz, uygular. Sonuç, sistem analisti Claudio Ciborra'nın "kayma efektleri" adını verdiği şey olabilir. Ciborra bunu bir şirket programının, Lotus Notes'un dört farklı işletmeye uygulanışını anlatarak açıklıyor. İnsanların yerine programı koymayan Zeta Corporation'da sonuçlar olumluydu, çünkü çalışanlar bilginin paylaşılmasını sağlayacak yeni bir araca sahip olmuştu. Alt düzey personelin yerine programı getiren Unilever'de sonuç çok fazla formelleşmeydi; benzer şekilde tasarlanmış olan Telecom'da bilgi paylaşma eksikliği ve EDF'de "işlevler arası rekabet" baş gösterdi. Ciborra'nın iddiasına göre, olumlu örnek Zeta Corporation'da kurumsal bilgi bilgisayar uygulaması sayesinde artarken, olumsuz örnekler de, insanların bilgiyi taşıması ve aktarması ortadan kalktığından, düşmüştü.[18]

Yeni enformasyon sistemleri şirketlere hep daha fazla verimlilik vaat eder; bunlar bilhassa, deneyimle biriken türden kurumsal bilgiye sahip olmayan danışmanlar için caziptir. Fakat bu safça bir vaattir. Makinelerin kendisi düşman değildir; Lotus Notes gibi bir program aslında şirketin bilgisini muazzam ölçüde artırabilir, tabii eğer denetim ve uyarlama sıradan kullanıcılara bırakılırsa. Oysa çoğu yeniden tasarlamada, programın denetimi kurumun üst kademelerine bırakılarak yeni düzenlemeye erişim sınırlandırılmaktadır ve bu eğilim giderek güçlenmektedir.

* * *

18. Claudio Ciborra, *The Labyrinths of Information*, Oxford UP, Oxford, 2002, s. 85-90.

Bu üç toplumsal eksiklik –sadakat, enformel güven ve enformasyon uyarlama eksikliği– pek çok yönetici için yeni haber değil. Hukuk alanında bir akademisyen olan Mark Roe, sorunun köklerinin "mülkiyetin denetimden ayrılması"nda yattığını iddia ediyor; ona göre bu, ister eski tarz piramit olsun ister yeni tarz MP3, firmaların büyüklüğünden kaynaklanan bir sorun. Yöneticinin firmanın etkili, uzun vadeli sorumluluğunu almasına izin verilmiyor; yatırımcılar gerçek iktidarı kendi ellerinde tutuyor.[19] Etkili yönetici ise firma içinde sadakat, güven ve kurumsal bilgi inşa etmek istiyor, bunların hepsi de zaman alıyor. Çoğu kendini adamış yönetici, benim deneyimlerime göre, bu çatışmayı doğrulamaktadır. Düşük toplumsal sermayeli kurumlarda, bir firmada toplumsal sermayeyi *kimin* inşa ettiği konusundaki farkındalık da genellikle eksiktir; toplumsal sermaye aşağıdan yukarı doğru inşa edilir. Bir firmanın kültürü, bütün kültürler gibi, sıradan insanların o kurumdan çıkardığı anlama bağlıdır, tepeden gelen açıklamaya değil. Kapitalizmde başı çeken tuhaf firmalarda buyruk üstüne buyruk verilir, hızla ve durmadan; yorumlama olanağı, sıradan işçiler arasında, düşer ve yorumlama süreci –bu bukalemun şirketlerden anlam çıkarmak– giderek daha fazla güçleşir.

Kurumların denetimini elinde tutmayanlar açısından en büyük sorun, bir toplumsal içerme duygusu oluşturmadaki güçlüktür ve kökeni mesleki kimlik meselesinde yatmaktadır.

G. KENDİNİ ANLAMAK

Emile Durkheim, kendini bir sınıfa sokabilmenin birey için ne kadar önemli olduğunu uzun zaman önce *The Division of Labor*'ı [Toplumsal İşbölümü]* yazarken anlamıştı. Kimlik ne yaptığınızdan

19. Karş. Mark Roe, "The Inevitable Instabilty of American Corporate Governance," Harward Hukuk Fakültesi, 2004.
* Emile Durkheim, *Toplumsal İşbölümü*, çev.: Özer Ozankaya, Cem Yayınevi, 2006. [Eserin özgün adı: *De la Division du Travail Social*, 1893 - ç.n.]

çok nereye ait olduğunuzla ilgilidir; bu genel bir kuraldır. 1970'lerde görüşme yaptığım erkek işçiler için çalışmanın ailevî ve toplumsal bir onur kaynağı olarak derin bir öneme sahip olduğundan ve bu önemin işin kendi içinde getirdiği her türlü tatminden tamamen ayrı olduğundan gayet emindim. Yani, meslekî kimliklerini oluşturan, emeklerinin toplumsal sonuçlarıydı. O zamanlar, emek piyasasındaki kadın işçiler açısından çalışmanın getirdiği itibarın daha az önemli olduğunu düşünmüştüm. Ve orta sınıftan işçiler için bir işin içeriği, aşağı sınıftan olanlar için olduğundan daha önemli görünüyordu. Şimdi geriye baktığımda her iki sınıfı ve cinsiyeti de yanlış anladığımı görüyorum. O zaman yanlış anladım ve o günden bu güne zaman pek çok şeyi değiştirdi.

İşçi sınıfından pek çok kadın emek gücüne aslında ara sıra, evdeki ihtiyaçları karşılamak için dahil oluyor ve çıkıyordu ve bu kadınlar için çalışma sadece bir araçtı. Fakat sürekli çalışan kadınlar için çalışma, erkeklerde olduğu gibi, ailevî ve toplumsal olarak önemliydi. Yaptığım hatanın nedenlerinden birine Claire Siegelbaum işaret etti: İşçi kadınlar çalışmalarının önemini eşleriyle paylaşmama eğilimindeydi çünkü aile içi cinsiyet rolleri bunu gerektiriyordu.

Orta sınıftan erkeklerin çalışmalarının anlamına yaptığı yatırımı da yanlış anlamıştım. 1980'lerin başında yapılan birkaç çalışma, işinde tatmin bulma arzusu bakımından kol işçileri ile profesyonel olmayan beyaz yakalı işçiler arasında pek bir fark olmadığını gösterdi. Kıdem ve unvan, beyin gücüyle çalışanlar için de, kol gücüyle çalışanlar için de hemen hemen aynı şekilde önemliydi.[20] Profesyonel seçkinlerin dünyasını, daha geniş olan orta sınıfın dünyasıyla karıştırmıştım.

Doğru anladığım şey, şirketin kendisinin önemiydi. Piramitlerin görece net ve istikrarlı kimlikleri vardı ve bu işçilerin benlik duyguları açısından önemliydi. İyi yönetilen şirketler bir gurur duygusu, kötü yönetilenler ise hiç değilse bir yönelim sağlıyordu: Sizin dışı-

20. Bu düzeltmeleri yapmamı sağlayan görüşleri meslektaşlarım Judy Wajcman ve Robert Howard'a borçluyum.

nızdaki, demir atmış bir toplumsal gerçeklik içinde deneyimlediğiniz hüsranlar ya da öfke, kendiniz hakkında bir şeyler öğrenmenizi sağlıyordu.

Amerika ve Britanya'da sabit-çalışma bürokrasilerinin siyah ve göçmen işçiler için başka bir anlamı daha vardı: Bu kurumlar bir toplumsal içerme senedi vazifesi görüyordu. Amerika'da kıdem hakkı kazanan bir siyah emekçi, o eski "son alınan ilk kovulur" formülü karşısında kişisel açıdan önemli bir silah elde ediyordu. Her iki ülkede de devlet için çalışmak siyahlar ve göçmenler için memuriyet statüsüne erişmek anlamına geliyordu. Bir kuşak önce, zaman zaman, kabaca ifade edersek, dışarıdan olanların hakim kültür ya da hukuk sistemi içinde güvenli bir şekilde himaye edilenlerden daha zayıf bir çalışma kimliğine sahip olduğu iddia edilirdi; Amerika'da, Amerikalı siyah erkeklerin bir iş etiğine sahip olmadığı sıkça dile getirilirdi. Bunun bütünüyle yanlış olduğunu artık biliyoruz: William Julius Wilson ve meslektaşlarının yaptığı araştırma, güvenli çalışmaya erişimin, o zaman da şimdi de, güçsüzleşmiş siyah erkeklerin yaşamlarındaki tek en büyük amaç olduğunu gösterdi.[21]

Yeni bir bürokratik formun gelişi ne çok sayıda içerici işi istatiksel olarak yok etti, ne de eski çalışma kimliği türü aşındı. Bir önceki kuşakta olduğu gibi, çoğu insanın emeğine verdiği değer, emeğin ailevî ya da komünal sonuçlarından kaynaklanıyor. En ileri teknolojinin kullanıldığı işlerin yarattığı özel koşullarda yaşamanın daha geniş kültürde zarar verdiği şey, iş istikrarının manevî prestiji olarak adlandırılabilir. Sosyolog Kathleen Newman bunu en alt düzeyde yer alan akıcı işlerde, McİŞ denen alanda –ızgarada hamburger çevirme ya da mağazalarda tezgahtarlık yapma gibi işlerde– gördü. Bu tür ücretli işlere erişmek vasıfsız gençler için olumlu bir adım; fakat yukarı doğru hareketleri yavaş olduğunda başları dertte demek; emek, aslında bir kapı açtığında bile bir çıkmaz sokak gibi

21. Karş. William Julius Wilson, *When Work Disappears*, Knopf, New York, 1996.

görünüyor.[22] Bu sabırsızlık daha geniş kültürün değer sisteminde meydana gelen değişimi yansıtıyor; bu değişimde istikrarın kendisi giderek artan bir manevî prestij kaybına uğruyor. Meslek skalasının biraz yukarısında, devlet bürokrasisine de aynı virüs bulaştı, öyle ki, ağır hizmet işleri pek çok gence artık cazip gelmiyor. Bu sektör –hastabakıcılık, hademelik ve nakliye– giderek, istikrara ve işin kendi kültürel betiminden çok ödüllerine odaklanan göçmen işçilere bırakılıyor.

Orta sınıfta manevî prestij meselesi daha şeffaf. Genç insanların karakter oluşumu sırasında, iş dünyasında kariyer yapmak için risk-alma gerekliliği vurgulanıyor; gençlerin giderek artan bir yüzdesi bu cazibeye kapılarak öğretmenlik ya da memurluk gibi işlerden uzak duruyor. Kamu sektörüne girme konusunda yaşanan krizi yalnızca bir değerler meselesine indirgemek istemiyorum; maaş ve istihdam koşulları büyük bir rol oynuyor. Kültürün yaptığı, genç bir insanın bu tür bir işin karakterine inancını, insanın bir bürokrat olarak çalışarak toplumun daha geniş kesiminde saygı kazanacağı inancını azaltmak.

Risk egemen bir değer olduğunda geçici çalışanların, seri üretim yapan işçilerin ve başı çeken seçkinlerin altında ama onlarla aynı akıcı çalışma zamanı içinde yüzen diğerlerinin, yükselen statünün keyfini sürmelerini bekleriz. *Karakter Aşınması* için araştırma yaparken keşfettiğim gibi, geçici işçiler yüzergezer işlerde çalışılarak geçirilen ilk birkaç yılı genellikle tatmin edici buluyor. Fakat bu tür işlerde sürekli olarak çalışmanın sinir bozucu olduğunu düşünüyorlar. Birilerinin onları kalıcı olarak istemesini istiyorlar; bir toplumsal yapıya katılmak, kişisel hareketlilikten daha önemli hale geliyor. Bir bağlılığı olmayan genç bir girişimci olmaktan, ev taksiti ödeyen orta yaşlı bir girişimci olmaya geçişte yaşanan sorunun aynısı yaşanıyor burada da. Başı çeken işlerin manevî prestiji başarı kapılarını açan bir tılsım; ama seçkinlerin altındaki insanların bu tılsımı bir

22. Sennett, *Karakter Aşınması*; Katherine Newman, *No Shame in My Game: The working Poor in the Inner City*, Knopf, New York, 1999.

yaşam projesi olarak kullanması güç. Bu yüzden, başı çeken sektörlerdeki emekte kutsal bir yeri olan zaman koşulları, manevî değer olarak mesleki kimliğin bütün modern formülasyonlarının belki de en ünlüsüyle, Weber'in *Protestan Ahlâkı*'yla, kesişiyor.

Protestan Ahlâkını yönlendiren zaman lokomotifi, uzun vadedeki amaçlar aşkına şimdiki zamanda ertelenmiş doyumlardır. Weber, insanların ileride gelecek bir ödülle güçlenme umuduyla kendilerini sabit kurumlar içine hapsetmesinin, yani demir kafesin sırrının bu zaman lokomotifi olduğuna inanıyordu. Doyumu ertelemek öz-disiplin sağlayabilir; mutlu olun ya da olmayın, metanetle çalışırsınız, çünkü ileride gelecek o ödüle odaklanmışsınızdır. Bu son derece kişileştirilmiş iş prestiji versiyonu belli bir kurum türünün güvenilir olmasını gerektirir; kurum gelecek ödülleri verebilecek kadar istikrarlı olmalı, yöneticiler performansınızın tanıkları olarak yerlerinde kalmalıdır.

Bir öz-disiplin ilkesi olarak ertelenmiş doyum, yeni paradigmada hiçbir anlam taşımaz; bunun için gereken kurumsal koşullar eksiktir. Ekonomi çarkının dönüşü geçtiğimiz yıllarda bunu tam bir açıklıkla ortaya koydu. Düşüş, ani yükseliş sırasında daha saklı durumda olan bir fenomeni netleştirdi ve keskinleştirdi: İşler kötüleştiğinde tepedeki insanların manevra ve adaptasyon kabiliyeti aşağıdakilerden daha fazlaydı; sorunlu şirketlerde daha sağlam ve sıkı olan yönetim ağı yukarıdakilerin daha kolay kaçmasına izin veriyordu. Sonuç, ödüllendiren tanıkların bürokrasi sahnesinden Nietzsche'nin Tanrısı gibi kaçmasıydı. İleri teknoloji, finans ve medyada durmadan personel değiştirilmesi, güvenilir ve disiplinli işçinin seyircisini kaybettiği anlamına geliyordu.

Ertelenmiş doyum sorunu Kuzey Amerika'da ve bütün Avrupa'da daha genel bir sorun haline geldi, çünkü pek çok özel emeklilik fonu çöktü ve devlet emeklilik planları tehlikeye girdi. Geleceği düşünerek tasarruf yapmak, Protestan Ahlâkının özü, artık güvenli olmayan zayıf yapılar nedeniyle geçerliğini yitirdi.

Kişisel stratejik planlama, Protestan Ahlâkındaki erozyonun belki de en çok hissedildiği alandır. Meslektaşım Michael Laskaway geçtiğimiz yıllarda tamamladığı bir çalışmasında genç yetişkinlerin 1970'lerdeki ve günümüzdeki kariyer planlamalarını karşılaştırdı.[23] Çalışmada incelenen her iki grup da üniversite eğitimi almıştı ve hırslıydı; aralarındaki çarpıcı fark, hırslarının nasıl odaklandığıydı. Daha önceki bir kuşaktan olan grup uzun vadeli stratejik kazançları göz önüne alırken, genç yetişkinler grubu kısa sürede ilerleme şansını hesap ediyordu. Daha yaşlı grup amaçları sözcüklere dökebiliyorken, gençler dürtülerini anlatacak sözcükleri bulmakta sorun yaşıyordu. Gençlerden oluşan grup daha amorf arzularla uğraşırken, diğer grup nihayetinde elde edecekleri doyumları tanımlayabiliyordu.

Böyle bir bulgu bizi şaşırtmamalı. 1970'lerde, strateji anlatıları geliştirmek kurumların algılanış şekliyle uyuşuyordu; oysa hırslı bir genç için bu tür düşünme biçimi, başı çeken kurumların bugünkü görünümüyle uyuşmuyor. Mesele, model: Gençler şimdi görece sabit iş piramitlerine girdiklerinde bile, akla ilerlemeden çok olanağı getiren, şimdiki zaman yönelimli, akıcı modeli referans alıyor.

Burada en önemli nokta sınıf. Ayrıcalıklı bir çocuk strateji konusunda kafa karışıklığı içinde olmayı kaldırabilir, sıradan bir çocuk bunu yapamaz. Aile geçmişinin ve eğitim ağlarının şans ve fırsatları ayrıcalıklı çocuğa getirmesi muhtemeldir; ayrıcalık, strateji geliştirme gerekliliğini azaltır. Güçlü ve geniş insan ağları tepedekilerin şimdiki zamanda yaşamasına izin verir; bu ağlar, uzun vadeli stratejik planlama ihtiyacını azaltan bir güvenlik ağı oluşturur. Böylelikle yeni seçkin ertelenmiş doyum etiğine daha az gerek duyar, çünkü sıkı ağlar, kişi hangi firmada ya da örgütte çalışıyor olursa olsun, temaslar ve bir aidiyet duygusu sağlar. Enformel temas ve destek ağı o kadar sıkı örülü olmayan çoğunluk ise daha bir kuruma-bağımlı kalır. Yeni teknolojinin bu eşitsizliği bir ölçüde gidere-

23. Michael Laskaway, "Uncommitted: Contemporary Work and the Search for Self: A Qualitative Study of 28-34 Year-Old Collage Educated Americans," Doktora Tezi, New York Üniversitesi, 2004.

bileceği, çünkü elektronik sohbet odalarının ve ortak bir amaç, çıkar ya da ilgi konusu etrafında toplanan grupların bir gence ânı yaşamak için ihtiyaç duyacağı enformasyonu sağladığı söylenir zaman zaman. Ama çalışma dünyasında durum, en azından şu anda, böyle değil. Yüz yüze olmak önemli. Bu yüzden teknisyenler bunca kongreye gidiyor ve daha da önemlisi, ofise sadece bilgisayarla bağlı olan, evden çalışan insanlar bu yüzden enformel karar toplantılarının ve verilen kararların bu kadar sıklıkla dışında bırakılıyor.

Genel olarak, kişi şirketin ne kadar altlarındaysa, onu tutan ağ o kadar geniş gözenekli olur, kişinin hayatta kalması o kadar çok stratejik düşünme gerektirir; ve formel stratejik düşünme, okunaklı bir toplumsal harita ister.

* * *

Konunun buraya kadarki kısmını şöyle özetleyebiliriz: Toplumsal kapitalizmin erozyonu yeni bir eşitsizlik formülasyonu yarattı. Yeni sayfa tezi, değişimin insanları demir kafesten kurtaracağını iddia etmişti. Eski kurumsal yapı, esnek örgütler alanında gerçekten de yıkıldı. Onun yerine yeni bir iktidar coğrafyası geldi: Bürokrasinin ara katmanlarının durmadan azaldığı kurumlarda iktidarın merkezi çevreyi kontrol ediyor. Bu yeni iktidar biçimi kurumsal otoriteden sakınıyor, toplumsal sermayesi düşük. Başı çeken örgütler, sadakat, enformel güven ve birikmiş kurumsal bilgi eksiklikleri yaratıyor. Bireyler söz konusu olduğunda, çalışmanın değeri yüksek kalabilse bile, işin kendisinin manevî prestiji dönüşüyor; başı çeken şirketlerdeki işler, çalışma etiğinin iki kilit unsurunu yerinden çıkarıyor: sonraya bırakılmış doyum ve uzun vadeli stratejik düşünme.

Toplumsal olan her şey böyle böyle küçülürken kapitalizm yerinde duruyor. Eşitsizlik giderek artan bir şekilde yalıtıma bağlanıyor. Siyasetçiler ise bu tuhaf dönüşümü kamu alanındaki "reformlar" için bir model olarak kullanıyorlar.

II
İşe yaramazlık kabusu ve yetenek

1930'lardaki Büyük Buhran'ın tanımlayıcı bir imgesi, kepenkleri kapanmış fabrikaların kapıları önünde yığılmış, gözlerinin önünde duran kanıtlara rağmen iş bekleyen erkeklerin fotoğraflarıdır. Bu fotoğraflar bizi hâlâ rahatsız ediyor çünkü işe yaramazlık kabusu sona ermiş değil; fakat bağlamı değişti. Kuzey Amerika, Avrupa ve Japonya'nın zengin ekonomileri içinde çok sayıda insan iş istiyor ama bulamıyor.

Büyük Buhran zamanında bireyler, herhangi bir ıslahat planı eliyle mücadele edilemeyen işe yaramazlığın çaresinin kişide yattığına inanıyordu: Çocuklar, hep lazım olmalarını, hep istihdam edilmelerini sağlayacak bir eğitim almalı ve özel bir beceri geliştirmeliydi. Bugün de insanların aradığı zırh bu; ama yine bağlam değişmiş durumda. "Beceri toplumu"nda işsizlikle karşı karşıya olanların pek çoğu eğitimli ve vasıflı; ama istedikleri işler, dünyanın vasıflı emeğin daha ucuz olduğu yerlerine göç etti. Yani artık tamamen başka türden vasıflara ihtiyaç duyuluyor.

Takip eden sayfalarda işe yaramazlık kabusu ile eğitim ve kişisel oluşumun, yani Almanların deyişiyle kişinin *Bildung*'unun nasıl bağlantılı hale geldiğini incelemek istiyorum. Bağlantı, daha temel sorular sormayı gerektiriyor: Beceri –daha kapsamlı bir ifadeyle, yetenek– ne demek? Yetenekli bir insan olmak ekonomik değere nasıl dönüştürülür. Bu sorular iktisat, psikoloji ve sosyoloji arasında bir köprü oluşturuyor; kapsamları o kadar geniş ki, yanıtlar bulmayı değil, ancak sorunları netleştirmeyi umut edebiliyorum.

İşe yaramazlık kabusu ilk modern kavisini kentlerin gelişimiyle aldı. Kentlere göçenlerin ayakları altında işleyecekleri bir toprak yoktu artık. İnsanlar kentlere mülksüz tarım mültecileri olarak, makineleşmiş fabrikaların onları geçindireceği umuduyla taşındı. Ne var ki, temsil edici bir örnek verecek olursak, Londra'da 1840 yılında açık durumdaki her vasıfsız fabrika işine altı erkek emekçi düşüyordu. Modern çağın ilk işe yaramazlık teorisyenleri David Ricardo ve Thomas Malthus idi; Ricardo piyasaların ve endüstriyel makinelerin emeğe duyulan ihtiyacı nasıl azalttığını inceliyor, Malthus nüfus artışının olumsuz sonuçlarını hesaplıyordu. Ne Ricardo ne de Malthus beyni ellerin fazla oluşunun çaresi olarak gördü. Endüstri çağının başlarında çok az sayıda emekçi yüksek öğrenim görebiliyordu; yukarı doğru hareketlilik nadirdi. Ve en aydın reformcular bile kitleler yığınının başka şekilde, işyerinde, işe yarayacak beceriler kazanabileceğine inanmıyordu. Malthus, kendisinden önce Adam Smith'in, kendisinden sonra ise John Ruskin'in yaptığı gibi, fabrika işinin zihni köreltti̇ğini düşünüyordu. Kentler şişiyor, işe yaramazlık büyümenin trajik ama zorunlu bir sonucu olarak görülüyordu.

Modern toplumun gerçek başarılarından biri *kitle* ile *zihinsel* arasındaki karşıtlığı kaldırmak oldu. Eğitim kurumları matematik ve okuma-yazma standartlarını Victoria Çağı insanlarının hayal bile edemeyeceği ölçüde yükseltti. Yetenekli fakir oğlanın –ya da nadiren kızın– doktor ya da avukat olma buhran-dönemi hayali bugün adeta alışılmış bir hayal gibi görünüyor. Kaba tahminler, anne babası vasıfsız emekçi olup da kendisi orta sınıfın alt basamaklarına yükselen çocukların oranının Britanya'da ve Amerika'da %20, Almanya'da yaklaşık %15 ve Çin'de yaklaşık %30 olduğunu söylüyor. Bu oran, aşağı doğru hareketlilik ile karşılaştırıldığında çok değil; ama birinci endüstri çağında olduğundan çok daha yüksek.

Bu tartışma götürmez başarılar Ricardo'nun eski önermesini yeni ve acı verici bir biçimde ortaya koymaktan başka bir şey yapmıyor. Beceri ekonomisi çoğunluğu geride bırakmaya devam ediyor; daha açık ifade edersek, eğitim sistemi büyük sayılarda istihdam edilemez eğitimli genç, en azından eğitildikleri alanlarda istihdam edilemez gençler yaratıyor. Ricardo'nun önermesinin modern biçimi, beceri toplumunun ihtiyaç duyduğu yetenek sahibi eğitimli insan sayısının sadece nispeten az olabileceğini söylüyor; özellikle yüksek-finans, ileri teknoloji ve hizmetlerin en gelişmiş alanlarında. Ekonomi makinesi, giderek daralan bir seçkin grubu üzerinden kârlı ve verimli bir şekilde işlemeyi başarabilir.

A. İŞE YARAMAZLIK KABUSU

İşe yaramazlık kabusunu modern bir tehdit olarak şekillendiren üç kuvvet var: küresel emek arzı, otomasyon ve yaşlanmanın yönetimi. Bunların hiçbiri de tam olarak ilk bakışta göründüğü gibi değil.

Basın, küresel emek arzının işleri zengin yerlerden yoksul yerlere taşıdığıyla ilgili korku öyküleri yazarken, öyküyü genellikle sadece ücretler açısından bir "dibe doğru yarış" olarak sunuyor. Kapitalizmin emeği nerede ucuzsa orada aradığı söyleniyor. Bu öykü yarı-yanlış. Bir tür kültürel seçilim de söz konusu, o yüzdendir ki işler ABD ve Almanya gibi ücretlerin yüksek olduğu ülkeleri terk edip, vasıflı, hatta bazen yaptıkları işler için fazlasıyla nitelikli işçilere sahip olan düşük ücretli ekonomilere göçüyor.

Hindistan'daki çağrı merkezleri iyi bir örnek. Bu merkezlerde işler en az iki dil bilen kişilerce yapılıyor; bu insanlar İngilizcelerini o kadar ilerletmişler ki, arayan kişi Hartford ile mi, Bombay ile mi konuştuğunu anlamıyor. Pek çok çağrı merkezi işçisi iki yıl ya da daha uzun süre üniversite eğitimi almış; dahası, işbaşında da iyi bir eğitim almış durumda. Hindistan'daki çağrı merkezleri "esnek öğrenme"yi vurguluyor. Bu, kişinin en olası soruları hızla yanıtlayabilmesini sağlayacak kadar çok bilgi sahibi olması, böylelikle bir çağrıyı hızla yanıtlayıp diğerine geçmesi anlamına geliyor. Merkezler işçilerini "insan kaynakları" alanında da eğiterek, çağrı merkezini arayan kafası karışmış kişiye, örneğin, sabırsızlığın hiçbir zaman hissettirilmemesini sağlıyor. Hintli işçiler, (Hindistan'ınkine yakın standartlarda çalışan İrlanda ve Almanya hariç) Batı'daki çağrı merkezi işçilerinden hem daha tahsilli hem daha eğitimli. Son derece yetenekli insanlara bu iş için aslında tiksindirici ölçüde düşük ücretler ödeniyor.

Küresel Güney'e göçmüş olan bazı endüstriyel işlerde de buna benzer bir fenomen ortaya çıkıyor. Meksika'nın kuzey sınırındaki otomobil ara-montaj fabrikaları çok şey anlatan bir örnek. Bu fabrikalardaki en rutin işler genellikle montaj hattında çalışmak için otokaporta dükkanlarını bırakmış son derece becerikli araba tamircileri tarafından yapılıyor. Meksika *maquiladora*larındaki* montaj hattı emekçileri, daha Kuzey'de usta ya da ustabaşı olabilecek nitelikte.

Küresel Güney'in insanın canına okuyan atölyelerinde çalışmak

---

* Maquiladora: ABD-Meksika sınırına kurulmuş montaj fabrikalarına verilen isim. ABD'de imal edilmiş parçalar gümrüksüz olarak Meksika tarafına geçirilmekte, bu fabrikalarda ucuz işçilikten faydalanılarak monte edilmekte ve tekrar ABD'ye gönderilmektedir. Tamamlanmış ürünün ABD'ye ihracatında malın tümü değil, yalnız Meksika'da eklenen değeri vergilendirilmekte, yani sadece işçiliğin katma değeri ithalat vergisi olarak alınmaktadır. (ç.n.)

için evini ve okulunu bırakan çocuklar, dibe doğru ekonomik yarışın en korkunç imgesi. Ama bu yanlış değilse de eksik bir imge. Emek piyasası bir yandan da ucuza yetenek arıyor. Yaptığı işe göre fazla nitelikli olan işçiler, işverenlere gelişmiş dünyada ne kadar cazip geliyorsa, küresel Güney'de de o kadar cazip geliyor. Bu yetenekli işçilerin problem çözmede ne kadar başarılı olduğu özellikle iş rutinlerinde bir sorun olduğunda ortaya çıkıyor.

Bu işleri kabul eden insanlar genellikle gayet girişimci oluyor. Meksika *maquiladora*larındaki montaj hattı işçileri birkaç yıl boyunca sabit bir ücretle çalıştıktan sonra kredi alabilecek duruma gelebiliyor ve bu sayede bankalara gidip kendilerine küçük bir iş kurmak için faizle borç alabiliyorlar. Kredi teşviki Hindistan'da bu kadar güçlü değil. Hindistan'da itici güç, girişimci taşeronluk. Hindistan'daki çağrı merkezlerinde eğitim aldıktan sonra büyük yabancı firmalardan çağrı merkezi işlerini taşeron olarak alan küçük işyerleri kurmuş pek çok işçi var.

Tabii bunu bir bütün olarak ele almak önemli. Küresel Güney'deki işlerin büyük kısmında mülksüz tarım emekçileri istihdam edildikçe, küçük bir iş kurma umudu pek çok insan için –Hindistan, Meksika, Çin ve Endonezya'da yeni kurulan küçük işyerlerinin sayısı geçtiğimiz on yılda neredeyse katlanarak artmış olsa da– sadece bir umut olarak kalacak. Vurgulanması gereken şey şu: Bunlar Ricardo'nun insanları değiller. Bu insanlar sırf sisteme katıldıkları ve sistemden çıkarları olduğu için kurban olarak sınıflandırılamazlar.

Bunu vurgulamamın nedeni evdeki sonuçları. Bu insanlar Kuzey'deki emsalleri kadar kazanmasalar da onlardan daha yüksek bir statüye sahipler. Motivasyonlarının ve aldıkları eğitimin bileşimi, yani *Bildung*'ları, işverenler için özel bir çekicilik oluşturuyor. Evde, istediğini elde edemeyen insanların rekabet edebilmek için insan sermayesini artırması gerekiyor ama bunu çok azı yapabiliyor; yabancı emsalleriyle rekabet edemeyince de artık onlara ihtiyaç duyulmaması sorunuyla karşı karşıya kalıyorlar. İşe yaramazlık kabusu burada yabancı korkusuyla kesişiyor, ki bu korkunun etnik köken ya da ırkla ilgili basit önyargılardan oluşan kabuğu altında, yabancıların hayatta kalma yarışı için daha iyi silahlanmış olabileceği kaygısı bir yara gibi işliyor. Kaygının gerçekte belli bir zemini var. *Küreselleşme*, başka şeylerin yanı sıra, insan enerjisi kaynaklarının yer değiştirmekte olduğu ve halihazırda gelişmiş olan dünyada yaşayanların bu yer değiştirme sonucunda dışarıda bırakılabileceği şeklinde bir algılamayı da ifade ediyor.

İkinci işe yaramazlık kabusu otomasyonda saklı. Makinelerin insanların yerine geçeceği korkusu çok eskilerden geliyor. Buharla çalışan ilk dokuma tezgahlarının ortaya çıkışı Fransız ve Britanyalı dokumacılar arasında ayaklanmalara neden olmuş, XIX. yüzyılın sonuna gelindiğinde ise insanların yaptığı karmaşık işlerin makineler tarafından yapılmasıyla insanların "vasıfsızlaşacağı," düşük ücretli, rutin görevlere indirgeneceği pek çok çelik işçisi için acı verici şekilde aşikâr hale gelmişti. Oysa, geçmişte, otomasyon tehdidi abartılmıştı.

Sorun makinelerin tasarımında ve gelişiminde yatıyor. Kendimden bir örnek vereyim. Endüstriyel tasarımcı olan büyükbabam on altı yıl boyunca (1925'den 1941'e kadar) bir milimetre hassasiyetle çalışan bir robot kol prototipi üzerinde çalıştı: Bu ileri teknoloji ürünü makine için gereken çarklar ve kasnaklar bir servet değerindeydi ve robot kolun sürekli yeniden ayarlanması gerekiyordu. İşvereni, büyükbabama bir servet harcadıktan sonra vasıflı insan parmaklarının daha ucuz olduğuna karar verdi. Bütün endüstriyel tasarım alanında aynı şey yaşandı. Üretim sürecinin büyük kısmının ya da tümünün makineler tarafından gerçekleştirildiği hakiki otomasyonun sağladığı tek gerçek tasarruf, elektrik kabloları ve metal borular gibi ürünler üreten büyük hacimli, ağır endüstrilerde gerçekleşti.

Bilgisayar ve mikroelektronik alanında yaşanan devrim sayesinde büyükbabamın robot kolu artık ekran üzerinde hızlı ve etkili bir şekilde tasarlanabilecek bir alet; büyükbabamın tasarladığı karmaşık, hassas çark ve kolların yerini mikroişlemciler aldı. Hizmet işlerinde otomasyon, eskinin bilimkurgusunu bugün teknolojik gerçekliğe dönüştürdü. Akıllı telesekreterlerden –gelecekte çağrı merkezlerini bekleyen otomasyon tehdidi– ya da arka-büro muhasebesi, stok yönetimi ve tezgah-önü satışı dönüştürmüş olan barkod okuyuculardan bahsediyorum. Elektronik, ayrıca, kalite kontrolünün otomasyonunu da mümkün hale getirdi; insan gözünün yerini daha hassas olan lazer algılayıcılar aldı.

İmalatçılar bu teknolojileri belirli bir şekilde kullanıyor. Otomasyon, makinelerin hızla yeniden ayarlanabilmesi sayesinde, imalatçıların hem talepteki değişiklilere hızlı bir şekilde yanıt vermesine hem de talep düştüğünde hızlı dönüşler yapmasına ve böylelikle stokları düşük tutmasına izin veriyor.

Otomasyon, verimlilik vasıtasıyla kazanç elde etmeyi ve emekten tasarrufu artık hakikaten sağlıyor. İşte iki örnek: 1998 ile 2002 yılları arasında Sprint Corporation ileri ses tanıma yazılımı kullanarak verimliliğini %15, gelirlerini ise her yıl %4.3 artırırken, bu dört yıllık dönem içinde ödediği maaşlarda toplam 11.500 işçinin maaşı tutarında kesintiler yaptı. Ağır sanayide, 1982 ile 2002 yılları arasında ABD'de çelik üretimi yılda 75 milyon tondan 102 milyon tona çıktığı halde, çelik işçilerinin sayısı 289.000'den 74.000'e düştü. Bu işler başka ülkelerde yapılmamıştı; büyük kısmı, karmaşık makineler tarafından yapılmaya başlamıştı.[1]

Yani modern işçiler otomasyon kaynaklı işe yaramazlık kabusu ile sonunda yüz yüze.

Sosyologlar, geçmişte, otomasyona kafa yordukları zamanlarda, ellerin yerini makineler aldığında beyaz-yakalılar için ve hizmet sektöründe yeni ya da daha fazla iş yaratılacağını düşünüyordu. Bu inanç Daniel Bell ve Alain Touraine tarafından ayrı ayrı geliştirilen

---

1. Jeremy Rifkin, *The End of Work: The Decline of the Global Labor Force and Dawn of the Post-Market Era*, Putnam's Sons, New York, 1995; Jeremy Rifkin, "The Return of a Conundrum," *The Guardian*, 2 Mar. 2004.

2. Daniel Bell, *The Coming of Post-Industrial Society: A Venture in Social Forecasting*, Basic Books, New York, 1973; Alain Touraine, *The Post-Industrial Society: Tomorrow's Social History: Classes, Conflicts, and Culture in the Programmed Society*, Random House, New York, 1971

"sanayi sonrası" tezini şekillendirdi.[2] Makinelerin elli yıl önceki hali düşünüldüğünde bu yer değiştirme fikri mantıklıydı; uygulamada ise bu makineler sadece mekanik işlerde kullanılabilirdi.

Bunlar ne tür makinelerdi? Saat yapımcısı Jacques de Vaucanson XVIII. yüzyıl ortalarında mekanik bir flüt çalar ürettiğinde, robotun büyüleyiciliği canlı bir insana *benzer*liğinde yatıyor görünüyordu. Otomasyon teknolojisinin büyük bölümü günümüzde hâlâ Vaucanson'ın yolundan giderek insan sesini ya da insan kafasını –olağandışı "gördüğü" herhangi bir şeye dönen ve odaklanan akıllı gözetleme kameralarıyla– taklit etmeye odaklanıyor. Fakat diğer teknolojiler, en başta da hiçbir insanın ulaşamayacağı hızda çalışan bilgisayar teknolojileri, insana öykünmüyor. İnsan ellerinin yerini makinelerin alması imgesi bu yüzden bütünüyle doğru değil: Çalışma analisti Jeremy Rifkin'in gözlemlediği gibi, işe yaramazlık alanı, makineler insanların yapamadığı ekonomik değerde şeyler yaptıkça genişliyor.

Küresel iş göçü ve hakiki otomasyon, emeğin tamamını değilse de bir kısmını etkileyen özel örnekler. Yaşlanma, çok daha kapsamlı bir işe yaramazlık alanını tanımlıyor. Herkes yaşlanır ve güçten düşer, verimlilik açısından baktığımızda hepimiz bir gün işe yaramaz hale geleceğiz. Ne var ki, bir işe yaramazlık ölçütü olarak yaş, modern ekonomide iki şekilde ince ayardan geçirildi.

İlki safi önyargıyla yapıldı. 1990'ların başında reklam dünyasından insanlarla görüşmeler yaptığımda deneklerim otuzlarına geldiklerinde "inişe geçmiş," kırk yaşına geldiklerinde ise "yarışın dışında" olacaklarından endişe ediyorlardı. Başı çeken şirket diğerlerinden daha yaşlı olan çalışanlarını gerçekten de yolundaki bir engel, yavaşlatıcı unsur, enerji kaybı olarak görme eğiliminde. Yaşla ilgili önyargı, reklamcılık ve medyada, insanların toplumsal cinsiyet konusundaki görüşleriyle birleşiyor: Orta yaşlı kadınlar bilhassa şevksizlikle damgalanıyor; bu birleşmiş önyargı finans hizmetleri alanında da ortaya çıkıyor.

Yaş ayrımcılığı çok açık bir paradoks barındırıyor. Modern tıp geçmiştekinden daha uzun yaşamamızı ve çalışmamızı mümkün kılıyor. 1950'lerde elli beş, altmış yaşında emekli olmak mantıklıydı çünkü ortalama bir erkek işçi genellikle ancak yetmişlerinin başına kadar yaşıyordu. Günümüzde Amerikalı erkeklerin %50'si seksenlerinin ortalarına kadar yaşıyor ve yetmişli yaşlarının başlarında çoğunun sağlığı yerinde oluyor. Emeklilik yaşı eski standartlarda tutulduğu için günümüzde erkekler verimli bir şekilde istihdam edilebilecekleri ama edilmedikleri bir on beş, yirmi yıl geçiriyor. *Tükenme*, işin karakterine, işçinin fiziksel durumundan daha uygun düşüyor. Orta yaşlı bir adamın küresel döviz ticareti işinde günde on iki saat çalışması –ailesi ya da başka ilgi alanları olmadığı sürece– fizyolojik olarak kesinlikle mümkün.

Bir becerinin ömrünü düşündüğümüzde yaş, yetenek sorununa daha doğrudan temas ediyor. Eğer bir mühendisseniz, üniversitede öğrendiğiniz becerilerden kaç yıl faydalanırsınız? Bu süre giderek azalıyor. "Becerilerin tükenişi" sadece teknik işlerde değil, tıpta, hukukta ve çeşitli zanaatlarda da hızlanıyor. Bilgisayar tamircileriyle ilgili bir tahmin, bilgisayar tamiri becerilerini çalışma yaşamları boyunca üç kez yenilemeleri gerektiği yönünde; bu rakam doktorlar için de hemen hemen aynı. Yani, bir beceri edindiğinizde, elinizde ömür boyu sahip olacağınız bir şey olmuyor.

Burada emek piyasası ekonomisi işin içine bilhassa yıkıcı bir şekilde giriyor. Bir işveren ya elli yaşındaki birini zamana ayak uydursun diye yeniden eğitecek ya da gelecek vaat eden, zamanın hızına ayak uydurabilen bir yirmi beşliği işe alacak. Üstelik gelecek vaat eden ufaklığı işe almak çok daha ucuza gelecek; çünkü hem daha yaşlı olan çalışanın taban ücreti daha yüksek olacak, hem de çalışanları yeniden eğitmek için uygulanan programlar zaten kendi başına pahalı operasyonlar.

Bu, birinin yerine diğerini koyma sürecinde bir toplumsal pürüz daha var. Yaşlı çalışanlar işverenlerine karşı genç işçilere nispeten daha tenkitçi ve temkinli olabiliyorlar. Gönderildikleri eğitim programlarında yaşlı işçiler, tıpkı yetişkin öğrencilerin okulda yaptığı gibi, sunulan becerilerin değerini ve öğretiliş biçimini, kendi geçmiş yaşantıları ışığında muhakeme ediyorlar. Deneyimli işçi öğrendiği şeyin değerini kendi geçmişi açısından yargılayarak anlamını karmaşıklaştırıyor. Jön Türk klişesiyse genç işçilerle ilgili yapılmış pek çok çalışmayla yanlışlanmış bir klişe: Bir firmada deneyime ya da bir mevkie sahip olmayan genç işçiler basiretli davranabiliyor ve bir işyerindeki koşullardan hoşlanmadığında direnmek yerine çekip gidebiliyorlar. Sırtlarındaki aile ya da toplum yükü daha az olduğundan bu kapı onlara açık. Böylelikle, firmalarda, çalışanlar arasında yaşa bağlı önemli bir farklılık oluşuyor; iktisatçı Albert Hirschmann bu farklılığın iki tarafına "çıkış" ve "ses" adını vermiş. Daha uysal olan genç işçiler bağlantılar koptuğunda çıkıp gitmeyi tercih ediyor; daha tenkitçi olan daha yaşlı işçiler hoşnutsuzluklarını dile getiriyor.

Hirschmann'ın bütün firmalarda bulunduğunu düşündüğü bu ayrım aslında en çok, şirkette enine boyuna düşünmeye ve ölçülü içebakışa tahammülü olmayan yeni firmalar açısından önem taşıyor. Esnek firmalar çalışanlardan durmadan yer değiştirmesini beklediğine ve hizmeti ve uzun ömürlülüğü ödüllendirmediğine göre, işverenin seçimi açık; daha genç olan hem daha ucuz hem de daha az sorunlu. Çalışanlarının becerilerine uzun vadede yatırım yapan pek çok firma genellikle daha geleneksel türden örgütler. Hirschmann'ın görüşü, bu tür yatırımların özellikle, sadakati bir şirket değeri sayan firmalar tarafından yapılacağı yönünde.

Toplumsal kapitalizmin yapılarını terk eden firmalarda genç yeteneğe odaklanmanın personel açısından sonucu, deneyim arttıkça değerinin düşmesidir. Yaptığım görüşmelerde, deneyimi küçümsemenin, bundan meslekî çıkarı olan danışmanlar arasında dikkati çekecek ölçülere ulaşmış olduğunu gördüm. Değişmekte olan kurumlarda yaptıkları çalışmalar, birikmiş kurumsal bilgileri hızlı değişimin önünü kesiyor görünen yerleşmiş çalışanlardan şüphe etmelerini gerektiriyor. Elbette danışmanların hepsi tek vücut değil; örneğin Boston Danışmanlık Grubu, beceri ile deneyim arasında kopmaz bir bağ bulunduğunu, şimdilerde yaptığı işlerin büyük çoğunluğunda kabul ediyor. Ne var ki, 1990'lardaki ani yükseliş, örneğini BBC'deki –Georgina Born'un tarif ettiği– müdahalede bulan daha yüzeysel, tepeden inme danışmanlık biçimlerini meşrulaştırdı. Bu danışmanlık türünde "beceri," kişinin yapmayı öğrenmiş olduğu şeyi yapmasından çok, yeni bir şey yapabilme yeteneği olarak tanımlanır hale geldi. Ani bir değişim tasarlayan danışman, yeni ekonomiyle gelişen ideal benliğinin kilit öneme sahip bir özelliğine baş vurmak zorunda: Feragat etme, yerleşik bir gerçekliği terketme kapasitesi.

Deneyim arttıkça değerinin düşmesi formülü, eskiye nazaran yumuşamış olan günümüz ekonomisinde daha derin bir gerçekliğe sahip. Becerilerin tükenişi, teknolojik gelişimin eskimez bir özelliği. Otomasyon, deneyime kayıtsız. Piyasa güçleri, çalışanları yeniden eğitmektense taze becerileri ucuza satın almayı sürdürüyor. Ve küresel güneydeki ehil işçilerin kullanılmasını, küresel kuzeydeki işçi sahip olduğu deneyimi öne sürerek durduramaz.

Bu koşullar bir araya geldiğinde, işe yaramazlık kabusu bugün pek çok insanın yaşamında maddi bir gerçeklik olarak beliriyor. Bildiğimiz eski "beceri" fikri bunların üstesinden tek başına gelemez. Bunlarla başa çıkabilecek beceri türünü ele almadan önce bu ekonomik genel bakışı kamusal alana bağlamam gerekiyor.

* * *

İşe yaramazlık kabusu refah devletini –kabaca, ihtiyacı olanlara yardım eden devleti– içinden çıkılması güç bir duruma sokar. Refah devleti bir kenara atılmış insanlara ne sunacak?

XX. yüzyılın sonlarında işe yaramazlık kabusuna verilen tepkiler fayda etmedi. Kaliteli, meslekî yeniden eğitim programlarının bulunduğu Britanya ve Almanya gibi ülkelerde bile, otomasyondan kaynaklanan işsizliğe çare bulmanın güç olduğu görüldü. XX. yüzyıl refah devleti otomasyon konusunda beceriksizce davrandı çünkü politika saptayıcılar hayal gücü arızasından mustaripti. Planlamacılar, otomasyonun üretim sürecinin doğasını nasıl temelden değiştirebileceğini anlayamadılar. Örneğin çelik endüstrisinde, dökümhanenin küçülmesine yol açan nedenler, ofis çalışanlarının sayısını da azalttı. Bu dönüşümün azametinden korkan devlet sorunla ilgilenmekten kaçınırken, sendikalar geleceğin işgücünü şekillendirmekten ziyade mevcut işçilerin işlerini korumaya odaklanarak meseleyi tüm yönleriyle düşünmeye karşı koydular. Automation House'un kurucusu, Amerikalı işçi temsilcisi Theodore Kheel, vahşi topraklardaki bir peygamber gibi konuştu ve Batılı hükümetlere hakiki otomasyonun tek "çaresi"nin, eskiden ücretsiz olan çocuk bakımını ve kamu hizmeti cezası yoluyla yaptırılan işleri ücretli hale getirmek olduğunu söyledi.

Refah devleti yaş sorunuyla başa çıkma konusunda da eşit derecede beceriksiz çıktı. XX. yüzyılda kamu tarafından finanse edilen emeklilik ve sağlık sigortalarının gelişmesi, refah hizmetlerinin daha genç kuşaklardan daha yaşlı kuşaklara kaydırılarak servetin yeniden dağıtılması olarak anlaşılabilir. Şimdi, yaşlı insanların artan yaşam süresi ve de gelişmiş ülkelerde doğum oranlarının düşmesi nedeniyle sisteme ödeme yapan işçi sayısının azalması, servetin bu yeniden dağıtımını zora sokuyor. Sağlık hizmetleri açısından baktığımızda bugün sağlığa ayrılan kaynaklardan aslan payını yaşlılar alıyor. Tam da bu yüzden sistem, herkesin bildiği üzere, finansal açıdan sürdürülemez hale geldi. Bu batakta, yeni kapitalizmin yaş *ethos*u temel bir rol oynamak üzere oyuna dahil oluyor. Bu *ethos*, muhtaç durumda olanların meşruluğunu aşındırıyor. Genç işçiler üzerinde yapılan yeni çalışmalar, gençlerin büyükleri için ödeme yapmak zorunda olmaya içerlediklerini gösteriyor ve ileri yaşıma rağmen ben bile buna içerlemelerini anlıyorum: Servet yeniden dağıtılırken gençlere oy hakkı verilmedi.

Kültürel tutumlar, nihayetinde, kamu alanının işe yaramazlık kabusuyla başa çıkmasını engelledi. "Yeni insan" bağımlılıktan sakınmakla övünüyor ve refah devleti reformcuları bu tutumu model alıyor; herkes kendi kendinin tıbbi danışmanı ve emeklilik fonu yöneticisi oldu. Pratikte bu durum, tıpkı özel işletmelerde olduğu gibi, kamusal sorumluluğu azaltıyor. Fakat bunu yaparken, eşit derecede katı bir hakikati görmezden geliyor: İşe yaramazlık bağımlılığa, yetersizlik muhtaçlığa yol açar.

Kathleen Newman ve benim gibi araştırmacıların görüştüğü denekler arasında bu durumdan en çok etkilenenler, eski şirket kültüründen kopmuş, yenisinde kendine bir yer bulmakta güçlük çeken, orta sınıf, orta yaşlı erkeklerdi. Bu insanların sorunlarını anlayabilmek için, durumlarını duygusal bir yaklaşımla ele almamak önemli. Newman'ın ve benim görüştüğümüz insanlardan çok azı kendine acıyordu. Pek çoğu birer danışman gibi davranan bu insanlar önlerine çıkan ve onları sorunun çözümüne götürebilecek her ipucunun peşine düşüyorlar; içlerindeki, Newman'ın deyişiyle, "düşme korkusu", çoğunun üstesinden gelmeye kararlı olduğu bir şey. Fakat bu marjinal erkekler kendi cemaatleri içinde görünmez oluyorlar. İşe yaramazlık meselesini gündeme getirmekten korkan diğerleri onlara fazla soru sormaktan kaçınıyor. Orta yaşlı bir bilgisayar programcısının dediği gibi, "Arkadaşlar futboldan ve çocuklardan konuşup, işle ilgili konulara girmekten kaçınıyor." Bu marjinalleşmiş erkekler eskiden çalıştıkları firmada geliştirmiş oldukları ilişki ağlarını değerlendirmeye çalıştığında "sanki hiç kimse seni tanımıyor" diyor bir başkası. Bu insanların marjinalliklerini çevreleyen sessizlik, Amerika'nın en büyük toplumsal tabusuna; başarısızlığa, dile getirilmeyen konumuza işaret ediyor.

Görüştüğümüz insanların çoğu yardıma ihtiyacı olduğunu biliyor ama bu yardımın ne şekilde yapılabileceğini bilmiyor. Kamu kurumları aşağı doğru hareketli olanlarla ilgilenmeye aslında uygun değil. Refah devleti kesin olarak işsiz olanlar için tedarikli; bu görüştüğümüz insanlar ise genellikle eksik istihdam ediliyor ve bu yüzden de hesaba katılmıyor. Eksik istihdam ya da yarı-istihdam biçimdeki marjinallik, fenomen yeterince gerçek olduğu halde, istatistiksel hesaplamalara dahil olmayan insan kaynakları konusunda sorular doğuruyor: Bir tahmine göre ABD'de ellili yaşlarındaki erkeklerin beşte biri eksik istihdamdan mustarip. Bu yaş grubundaki kadınlar için elimizde bir rakam yok; fakat genel olarak kadın işçilerle ve özel olarak da orta yaşlı kadın işçilerle ilgili önyargılar düşünüldüğünde, kadınlarda eksik istihdamın erkeklerdekinden daha az olmayacağı kesin.

Eksik istihdam meselesi, kamusal alandaki daha genel bir sorunu gündeme getiriyor. Refah politikalarıyla ilgili tartışmalarda genellikle bir düşkünlük retoriği kullanılıyor, kaybedilen yaşamlardan vs söz ediliyor; reforma giden en basit yol, bağımlılık ile bağımsızlık arasında tam bir karşılaştırma yapmak. Fakat işe yaramazlık ve marjinallik karşımıza grinin pek çok tonunda çıkıyor. Bu tonları hesaba katmayarak devlet, görece muhtaç, bir ölçüde bağımlı olanların nasıl destekleneceği meselesinden, bu çetrefil sorundan kaçınıyor. Oysa bu çetrefil meseleleri ele alan politikaların şu anda olduklarından çok daha ayrıntılı olması ve incelikle ayarlanması gerekiyor. Konuyu soyut bir şekilde ifade edecek olursak, bir refah devleti, bağımlılığı, marjinalliği ve ihtiyacı mutlaklar olarak ele alarak kendini sadeleştirebilir.

Bu kitabın sonunda, kamusal alanın işe yaramazlığın belirsizliklerini nasıl kucaklayabileceğinden bahsetmek istiyorum. Buna zemin hazırlamak için, insanların yeteneklerini tanımlayan iki kilit terimi daha açık bir şekilde incelemem gerekiyor: zanaatçılık ve meritokrasi.

B. ZANAATÇILIK VE MERİTOKRASİ

Zanaatçılık çoğunlukla el işçiliği için kullanılan ve bir keman, saat ya da çömlek yapılırken kalitenin amaçlandığını gösteren bir terimdir. Ama bu fazlasıyla dar bir bakış açısı. Zihinsel zanaatçılık diye bir şey de var, anlaşılır bir şekilde yazma çabası buna örnek gösterilebilir; sürdürülebilir bir evlilik yapmak toplumsal zanaatçılık olarak görülebilir. O halde zanaatçılığın kapsamlı bir tanımı şöyle yapılabilir: Bir şeyi o şeyin kendisi için iyi yapmak. Öz-disiplin ve özeleştiri tüm zanaatçılık alanlarına sıkı sıkıya bağlıdır; standartlar önemlidir ve kalitenin amaçlanması, ideal olarak, kendi içinde bir amaç haline gelir.

Zanaatçılık nesneleştirmeyi vurgular. Nicolò Amati bir keman yaptığında o keman vasıtasıyla kendini ifade etmedi. Bir keman yaptı. Amati'nin o nesneye yaptığı yatırım kendisiydi. Kendini, kemanı yaparken hissettiklerini değil, kemanı doğru yapıp yapmadığını esas alarak yargıladı. Amati'nin çalışırken depresyonda mı yoksa mutlu mu olduğuyla ilgilenmeyiz; f deliklerinin kesimine, verniğin güzelliğine bakarız. Nesneleştirme bu anlama gelir: Kendi içinde anlamlı bir şey yapmak.

Bu nesneleştirme ruhu, alt düzeyden, vasıfsız görünen emekçilerin bile işiyle gurur duymasını sağlayabilir. Örneğin, öğrencim Bonnie Dill, 1970'lerde Harlem'de yaşayan temizlik işçileriyle –kent merkezinde yaşayan beyaz işverenleri tarafından genellikle acımasızca yerilen, çok az ücret alan siyah kadınlarla– ilgili bir çalışma yapmıştı. Günün sonunda nadiren bir teşekkür sözü işitse de bu kadınlar bir evi iyi temizlemiş olmaktan bir parça benlik değeri çıkarıyordu.[3] Ev temizdi. Aynı yıllarda Boston'daki fırıncıları incelediğimde, aile tarafından işletilen ve babaların ve amcaların ailenin daha genç üyelerinin büyük kısmına kötü davrandığı ve çok fazla baskı yaptığı bir fırında da yine, elde edilen sonuç sabahın erken saatlerinde yaşanan kırgınlığın bir kısmını alıp götürüyordu: Ekmek iyiydi.[4] Zanaatçılık tesellisine romantik bir nitelik vermemek önemli; ama bir şeyi o şeyin kendisi için iyi yapmanın sonucunu anlamak da eşit derecede önemli. Kabiliyet, hem somut hem de kişidışı bir ölçütle değerlendirilir: Temiz temizdir.

Bu şekilde anlaşıldığında zanaatçılık esnek kapitalizmin kurumları içinde huzursuzca oturur. Sorun, yaptığımız tanımın son kıs-

3. Bonnie Dill, "Across the Boundaries of Race and Class: An Exploration of the Relationship Between Work and Family Among Black Female Domestic Servants", Doktora tezi, New York Üniversitesi, 1979.
4. Sennett, *Karakter Aşınması.*

mında yatıyor: Bir şeyi o şeyin kendisi için yapmak. İnsan bir şeyi nasıl iyi yapacağını ne kadar iyi anlarsa, ona o kadar özen gösterir. Ne var ki, kısa vadeli işlemler ve sürekli değişen görevler üzerine kurulu olan kurumlar bu derinliği üretmez. Hatta şirket bundan korkabilir; buradaki yönetim şifresi *içe doğru büyüme*dir. Sırf bir etkinliği doğru yapmak için o etkinliğin derinlerine inen kişi, diğerleri tarafından, tek bir şeye saplanmış, yani içe doğru büyümüş kabul edilir; ve zanaatçı için saplantı aslında gereklidir. Bu kişi, kaşla göz arasında konup kalkan ve asla yuva yapmayan danışmanın tam tersidir. Dahası, kişinin herhangi bir uğraş için becerilerini derinleştirmesi zaman alır. Üniversiteden yeni mezun olmuş genç bir meslek sahibinin incelediği deneklerden aldığı bilgilerin hangilerinin gerçekten işe yarar olduğunu anlaması genellikle üç, dört yıl alır. Kabiliyeti pratikle derinleştirmek, insanların pek çok farklı şeyi kısa sürede yapmasını isteyen kurumların amacına ters düşer. Esnek şirket akıllı insanlardan faydalanır; ama eğer bu insanlar kendini zanaatçılığa verirse sorun yaşar.

Hukuki nedenlerle ismini veremeyeceğim büyük bir yazılım firmasında çalışan ve bir zamanlar görüşme yaptığım bir grup programcıyla tekrar görüşmeye gittiğimde bu çatışmaya iyi örnek olacak bir durumla karşılaştım. Bu programcılar, firmanın henüz tamamlanmamış yazılımların çeşitli versiyonlarını önce satıp sonra tüketicilerin yaşadığı sorunlar ve tüketicilerden gelen şikayetler doğrultusunda "düzeltme"sine içerliyordu. Sendikalara büyük bir antipati duyan programcılar, "craft in code" adını verdikleri gevşek bir mesleki hareket geliştirmekteydi ve şirketin bu son derece kârlı fakat düşük kaliteli uygulamadan vazgeçmesini talep ediyorlardı. Programları doğru bir şekilde geliştirmek için gereken zamanın verilmesini istiyorlardı; onlar için anlamlı çalışma, işi işin kendisi için iyi yapmaya bağlıydı.

Meritokrasi esnek şirket için farklı türden bir sorun yaratıyor. Sözcüğü anlamak için zamanda geri gitmemiz gerekiyor.

Avrupalılar için miras yaşamın egemen bir olgusuyken, bizim

anladığımız basit anlamda, yani işi iyi yapana vermek ve onu bunun için ödüllendirmek anlamında bir meritokrasi kavramı söz konusu olamazdı. Tıpkı toprak gibi, Kilise ve ordulardaki görevler de insanlara miras kalıyordu. Yani konumlar birer mülktü. Bu, bir piskoposun dindar bir insan olmasının mutluluk veren bir rastlantı olarak karşılandığı; ama dindarlığın bu işi yapmak için zorunlu bir nitelik olmadığı anlamına geliyordu. Daha da kötüsü, subayların rütbelerini miras yoluyla elde ettiği bir ordular ve donanmalar dünyasında, yetersiz bir komutan, ne kadar çok acıya neden olursa olsun, görevden alınamıyordu, çünkü o görev ona aitti.

Mevkilerin miras yoluyla edinilmesi kabiliyete verilen değerin üzerini örtmedi; kişinin yeterliliği ile yaşam içindeki yeri, daha çok, birbirine paralel toplumsal dünyalar olarak görülüyordu. Bu ikisi arasına bir köprü inşa eden, Rönesans dönemi sanatçıları oldu. Michelangelo hamilerinden dehasına boyun eğmelerini istedi; ona mevki kazandıran yalnızca dehası oldu. Benvenuto Cellini'nin *Otobiyografi*'si, bu talebin kurumlara nasıl meydan okumaya başladığını gösteriyor. Genç Cellini altın kuyumcuları loncasına katıldı. Altın kuyumculuğu, diğer pek çok Rönesans ressamının kariyerine başladığı seçkin bir zanaattı. Bu loncaya tek koşul o olmasa da büyük ölçüde miras yoluyla giriliyordu ve insanlar ancak yüksek mevkidekilerden biri öldüğünde ya da emekli olduğunda ilerliyordu. Kendini ve sanatını geliştirme tutkusuyla yanıp tutuşan Cellini (1500-1571) geleneksel sıralamayı izlemeyerek, bir sıçrayış yaptı. Yalnızca yeteneği ödüllendirmeyen loncaları ve diğer kurumları yozlukla suçladı.

Bu suçlamanın yeni, modern bir havası var: Yeteneğin, kişisel değer ile eşit tutulması. Kabiliyet bir tür manevi prestij getirir. Bu hava kişisel olduğu kadar toplumsaldır da. Zanaatçılık ortaçağ loncalarının kalıbı içine şüphesiz sığıyordu, zira ustası gibi çırak da bir şeyi o şeyin kendisi için iyi yapmayı amaçlayabilirdi. Oysa şimdi yetenek yeni bir toplumsal eşitsizlik doğurmuştu: *Yaratıcı* ve *zeki* olmak, başkalarından *üstün*, daha değerli bir insan olmak anlamına geliyordu. Zanaatçılıktan meritokrasiye giden geçit işte burada saklı.

Kurumların kendilerini bu eşitsizlik türü üzerine yapılandırmaya başlamasıyla modern meritokrasi şekillendi. Modern meritokrasinin doğum tarihini belirlemenin bir yolu, orta sınıftan bir Britanyalı olan Samuel Pepys'in kariyerinden geçiyor. Pepys 1660'larda akıllı olduğu gerçeği sayesinde –Pepys'in iyi olduğu alan, toplama ve çıkarmaydı– yükselmeyi başaran ilk devlet memurlarından biri oldu. Deniz Kuvvetleri Komutanlığı'nda, donanmaya erzak sağlama işinde çalışıyordu; görevi, gemilere kaç tane top güllesi ve ne kadar tuzlanmış sığır eti yükleneceğini hesaplamaktı. Bu mevkiyi hak edenin, ikinci göbekten halası olan dönemin hükümdarının kuzeni Shrewsbury'li Earl değil, kendisi olduğunu çünkü matematikte yetenekli olduğunu iddia ediyordu. Böylelikle Cellini, adeta Pepys'in şahsında, bürokrasinin kapılarından girmiş oldu.

Yeteneğe dayalı kariyerler nosyonunun ilk gerçek ilerleme kaydettiği alan askeri örgüt oldu. Bürokratik piramitten sonra, yeteneğe dayalı kariyerlerin iş dünyasına girmesinin yolunu da askeriye gösterdi. XVII. yüzyıl sonlarında kurulmuş olan St. Cyr gibi askeri akademiler genç subaylara balistik hesaplama yapmaya yetecek kadar matematik öğrenme zorunluluğu getirdi. Askeri akademiler ilk kabiliyet testlerini yaratarak yenilendi; XVIII. yüzyıl için radikal bir yenilikti bu. Hem St. Cyr hem de Prusya askeri akademisinde uygulanan bu testlerde hile yapılamazdı, test edilen insanlar isimlerle değil, numaralarla gösteriliyordu. Kişinin beyninin içindekilere dair, kişisel olmayan bir karar veriliyordu. Bu yüzden test bir bireyin ne kadar ehil olduğunun görece objektif, ait olduğu aileden ya da sahip olduğu bağlantılarından kesinlikle daha objektif, bir ölçümünü sağlıyordu.

Askeri kurumlar böylelikle hem yeteneği keşfetti hem de *başarısızlığı nesnelleştirdi*; aptal olanlar, hangi aileden geliyor olursa olsun, eleniyordu. Başarısızlığın nesnelleştirilmesi, yeteneğin keşfedilmesinden, bir bakıma daha önemliydi. Bürokratik bir prosedür artık bireyin derinliklerindeki bir şeyi ölçüyor, kabiliyetsizliğinden dolayı onu (başlangıçta sadece erkekleri fakat daha sonra kadınları da) cezalandırıyordu. Yetersizliğin mutlak ölçütleri, başarılı olanların "liyakat"ını güçlendirmekten başka bir şey yapmadı; kişisel değeri, kişisel olmayan bir değerlendirme belirledi.

Sınıf ve nakit elbette hâlâ önemliydi; Avrupa'da XIX. yüzyılın başına kadar zengin bir bireyin bir subaylık görevi satın alması mümkündü; fakat şimdi, profesyonel askerler ortaya çıkmıştı, hem de profesyonelliğin özel prestijiyle birlikte. Zaman içinde aynı yapılar sivil toplumdaki diğer iş kollarının gelişimini de yine aynı karar verme yöntemini esas alarak yönetmeye başladı: Hukuk, tıp, muhasebe, eğitim; eninde sonunda hepsi de askeri modeli uyguladı. İşletme bunlara en son katılan oldu: St. Cyr'da başlamış olan dönüşümü modern işletme okulları tamamlıyor. Günümüzde işletmeler çalışanlarını takıntılı bir şekilde test ediyor ve ölçüyor; amaç yeteneği ödüllendirmek ve daha önemlisi, başarısızlığı belgeleyerek meşrulaştırmak.

İnsan kategorilerine ırk ve sınıf temel alınarak eğitim ve istihdamda tercihli davranıldığıyla ilgili çoğu argüman, meritokrasinin bireyler üzerinde kişisel olmayan bir değerlendirme yöntemi haline geldiğini gösteriyor. Argümanın bir yüzünde, egemen toplumun ikincil konumdaki gruplara karşı ayrım yaptığı; diğer yüzünde, hangi bireylerin kabiliyetli olduğunu belirleyecek teknik araçlara toplumun sahip olduğu iddia ediliyor. Son derece kişisel bir yargı, tartışmayı etkisi altına aldı; yetenek arayışı teknik bir egzersiz değildi. Liyakat, yeterlilikten çok daha kişisel ve dolayısıyla rahatsız edici bir kategori.

Amerikalı sosyolog Otis Dudley Duncan'ın XX. yüzyıl ortalarında yaptığı ve on yıllarca süren kapsamlı bir araştırma *liyakat*ın tam anlamını ortaya çıkardı. Amerikalılardan ve diğer ülkelere mensup insanlardan çeşitli meslekleri prestijlerine göre sıralamasını isteyen Duncan bazı çarpıcı benzerlikler buldu: Doktorlara, hemşirelere, öğretmenlere, sosyal hizmet görevlilerine, onlardan kat kat fazla para kazanan şirket yöneticilerinden ve borsacılardan daha fazla hayranlık duyuluyordu; öğretmen ve hemşireler, listenin altlarında yer alan siyasetçilerden çok daha fazla takdir ediliyordu. İnceleme ayrıca, elektrikçi ve marangoz gibi vasıflı zanaatçıların yüksek bir prestiji olduğunu gösterdi.

Bu sıralamanın nedeni çok açık. Yüksek prestijli işçilerin hepsi de kendi içinde geliştirdiği bir kabiliyete; ister zihinsel olsun ister kol gücüne dayalı, koşullara bağlı olmayan bir beceriye sahip. Eğer Duncan "siyasetçi" yerine "devlet adamı" deseydi, siyasal sınıfın halkın gözündeki yeri yükselir miydi, merak ediyorum. Çünkü o zaman zihinlerde oluşan imge, koşulları ve halkı manipüle etmeyi aşan bir görünüme bürünürdü. Duncan'ın araştırması meslekî prestijin para ya da iktidardan çok, kişisel bağımsızlık ve özerklikle eş tutulduğunu gösteriyor. Çalışma dünyasında liyakat bu temelde değerlendiriliyor.

Bence "liyakat eşittir özerklik" formülü Cellini'nin aklına yatardı. Belki meritokrasinin zanaatçılık ruhunu son derece kişisel, haksız bir kıyaslamaya dönüştürmesine de anlayış gösterirdi. Ama liyakati nesnelleştiren bürokratik makine, modern toplumun gelişimiyle yeteneğin bürokratikleşmesi, Cellini'yi herhalde hayrete düşürürdü. Bu bürokratik meritokrasi makinesi kabiliyet için bir demir kafes yarattı; fakat bu demir kafes tek kişilik bir hapishane hücresi.

* * *

Bu makineyi anlamak için, biri malumu ilan eden bir olgu gibi görünen ve diğeri de hemen göze çarpmayan iki şeyi aklımızdan hiç çıkarmamamız gerekiyor. Malumu ilan eden olgu, kabiliyet değerlendirmelerinin iki yüzü olduğu: Aynı anda hem kabiliyeti seçip ayırıyor, hem de yetersizlik ya da kabiliyetsizliği bertaraf ediyorlar. Ama eğer Bismarck'ın başlangıçta tasarladığı toplumsal kapitalizme dönersek, bu malumu ilan eden olgu göze biraz daha sorunlu görünür. Bismarck'ın kurumları liyakat –ve aynı zamanda da kıdemlilik– üzerinde yükselmişti. Makine, kitleleri, yeterli olup olmadığına bakmaksızın, içermeyi hedeflemişti, yeter ki kitleler zamanlarını harcasın ve kuruma hizmet etsin.

Modern toplumda, özellikle dinamik kurumlarda, yetenek arayışı gerçekten de bir toplumsal içerme çerçevesi içinde işliyor. Fakat en iyiyi ödüllendiren o testler, değerlendirmeler ve kariyer yolundaki kilometre taşları, bu seçkin düzeyin altında olan diğerlerinden kurtulmak için bir dayanak vazifesi görüyor. İki yüzlü yetenek arayışı özellikle işletmeler birleştiğinde yahut bir işletme küçülmeye karar verdiğinde göze çarpıyor. Bürokrasiler genellikle, yalnızca hak edenlerin kaldığını iddia ederek, insan katmanlarından ya da kategorilerinden kurtulmayı meşrulaştırmaya çalışıyor. Elbet bu kendine hizmet eden bir kurgu olabilir; ama bu tür kurumlar, kişisel olmayan, hızlı ya da keyfi değişikliği, kuru dalları budadıklarını söyleyerek ya da kimin kalması gerektiğiyle ilgili başka son derece kişiselleşmiş yargılar öne sürerek, haklı çıkarma dürtüsüyle hareket ediyor.

Sosyolog Pierre Bourdieu bu iki yüzlü ilişkiye "temayüz" adını verir; kitle *sessizce* işlemez duruma getirilir ya da cezalandırılırken; eğitim kurumları, çalışma kurumları ve kültürel kurumlar, seçkin statüsünü *açıktan açığa* verir.[5] Bourdieu'ye göre temayüzün gerçek amacı, seçkinlerin üzerine bir spot ışığı yakarak gölgede kalmış bir kitle yaratmaktır. Ben spot ışığının muğlak bir sahne ortaya koyduğunu düşünüyorum. Meritokratik yetenek arayışının hemen göze çarpmayan yönü işte budur: Yeteneğin kendisinin aydınlatılması ve tanımlanması.

Zanaatçılık söz konusu olduğunda, insanların emeklerinin somut sonuçlarına bakarak ne kadar iyi iş çıkardıklarına karar verebiliriz. Yerinden edilmiş ya da ıskartaya çıkarılmış işçiler için bu sonuçlar, bir kenara atılma nedenlerini en azından okunaklı hale getirir; Hindistan menşeli yazılım programlarının ve Çin'de üretilmiş ürünlerin kalitesi somut gerçeklerdir. Meritokrasi makinesinin testleri ve iş

5. Pierre Bourdieu, *Distinction*, Harvard UP, Cambridge, 1984.

performansı değerlendirmeleri de eşit derecede somut görünebilir. Ne de olsa ölçütler standartlaştırılmıştır ve testlerin nesnelliğini sağlama bağlamak için isimlerin yerini numaralar almıştır. Fakat aslında bürokratik makine tamamen ele gelmez bir şeyin peşindedir; insan, örneğin, hangi türden işlerin özerk göründüğünü ölçebilir ama özerk bir edimin spesifik olarak ne olduğunu ölçemez. Zanaatçılık ustalaşmayı ve belirli bir bilgi alanına sahip olmayı gerektirir; bu yetenek türü içeriğe özgü değildir, yani içerik tarafından belirlenmez. Başı çeken firmalar ve esnek örgütler eski yeterliklere sarılmayıp yeni beceriler öğrenebilen insanlara ihtiyaç duyar. Dinamik şirket, değişen enformasyon ve uygulama gövdelerini yorumlama ve işleme kabiliyetini vurgular.

Meritokratik şema içinde yetenek değerlendirmesinin böyle yumuşak bir karnı vardır; bu yumuşak karın, belli bir şekilde, yani potansiyel kabiliyet olarak tasavvur edilen yetenekle ilgilidir. Çalışma dünyasında bir kişinin insan "potansiyeli" sorundan soruna, konudan konuya geçmede ne kadar iyi olduğuna bağlıdır. Bu şekilde hareket etme kabiliyeti danışmanların çalışma şeklini andırır; onun daha geniş ölçeğe taşınmış halidir. Fakat potansiyel kabiliyet kültür alanını çok daha fazla tırpanlar; tahrip edici bir yetenek ölçütüdür.

C. POTANSİYEL KABİLİYET

Potansiyel sözcüğü, "insan potansiyeli hareketi" adını taşıyan psikoloji klik'ine bulaşma gafletine düşmüş herkes için bir tehlike işaretidir. Günümüzde, genellikle, takipçilerini içlerinde saklı gerçeği keşfetmeye teşvik eden kendi kendine yardım ve kendini geliştirme işinin bir versiyonu durumunda olan insan potansiyelinin incelenmesi işi aslında gayet ciddi bir girişim olarak başlamıştı. Örneğin Abraham Maslow'un yazılarında insan gelişimi, bir bireyin genetik kapasitesi ile toplumdaki deneyimleri arasında ömür boyu süren bir müzakere olarak görülüyordu; Freud'un dürtülerle ve içgüdülerle ilgili fikirlerinin yerine Maslow, benliğin zaman içindeki oluşumuna dair daha plastik bir anlayış bulma peşindeydi.[6] Maslow'un sürekli gelişim fikri bugün Amartya Sen ve Martha Nussbaum'un insanın kapasitesi üzerine yazdığı yazılarda ortaya çıkıyor.[7] Maslow gibi, genetikçi Richard Lewontin de, biyolojinin, yaşamın seyri içinde koşullar gerektirdikçe çeşitli şekillerde kullanılan ya da kullanılmayan bir insan kapasiteleri repertuarı sağladığı görüşünde.[8]

Potansiyel kabiliyet arayışı bu projenin bir parçası olarak değerlendirilebilir. Bütün üyelerinin yeteneklerinden faydalanma çabasında olması gereken toplum; ırk, sınıf ve toplumsal cinsiyet konularındaki önyargılar nedeniyle bunu yapmayabilir. Bu, belli türden bir kurumun –esnek rejimin– ihtiyaçlarına hizmet etmekten daha derin bir iddiadır. Potansiyel kabiliyetin keşfi adaletle eşit tutulur.

ABD'de uygulanan bir sınav türünün –Scholaristic Aptitude Test [Akademik Beceri Testi] (SAT)– geliştirilmesinin ardında bu meritokratik iddia yatar. ABD'deki okulların bilmeyi çok az, nasıl bileceğini bilmeyi ise fazla vurguladığı, ABD eğitim sitemiyle ilgili olarak çokça dile getirilen bir klişedir. Fakat SAT başlangıçta öğrenmenin içini boşaltmak için değil, "yeteneğe dayalı kariyerler" projesini tamama erdirmek için yola çıkmıştı. İkinci Dünya Savaşı'nı takip eden yıllarda sınavcılar, kültürel açıdan mahrumiyetlerle dolu arka planlardan gelen genç insanların öğrenme potansiyelinin nasıl keşfedileceğini bulmaya çalıştılar. Sınavcıların dar bir hedefi vardı; Harvard gibi üniversiteler için işlenmemiş yeteneklere sahip yeni bir seçkinler grubu toplamak.[9] SAT, eski bir Amerikan idealinden, Thomas Jefferson'ın "doğal aristokrasi" inancından besleniyordu. Hiç şüphe yok ki Jefferson iki yüzlü bir yetenek arayışı

6. Abraham Maslow, *Motivation and Personality*, Harper and Row, New York, 1987.
7. Martha Nussbaum ve Amartya Sen, *The Quality of Life*, Oxford UP, Oxford, 1993.
8. Richard Lewontin, *The Genetic Basis of Evolutionary Change*, Columbia UP, New York, 1973.
9. Nicholas Lemann, *The Big Test: The Secret History of the American Meritocracy*, Farrar, Straus and Giroux, New York, 1999.

amaçlamamıştı: O, doğal bir aristokrasinin demokrasi pratikleriyle çelişmeyeceğine inanıyordu.[10] SAT testleri, kabiliyete yeni bir çerçeve çizerek, bu eski ideali dönüştürmeye başladı.

SAT testlerini XVIII. yüzyıl ortalarında St. Cyr askeri akademisinde uygulanan testlerle karşılaştırdığımızda neyin yeni olduğunu anlarız. St. Cyr sınavın matematik kısmında öğrencilerden örneğin ikinci dereceden bir denklem kurarak bir hesap yapmasını, sonra da bu hesabı nasıl yaptığını sözcüklerle açıklamasını; "Vatan" kısmında ise sadakat, cesaret ve fedakarlığı tanımlamasını isterdi. Sınavı hazırlayanlar yanıtlara not verirken öğrencilerin doğru yanıtı verip vermediğine bakardı. Diğer bir deyişle bunlar başarı testi diyebileceğimiz sınavlardı. İkinci dereceden denklemlerde rakamları sözcüklere dökme konusunda önceden var olan bir ustalık (bunu bir deneyin), "Vatan"da ise sınavı yapanların zihninde doğru sayılan şeyi bilmek için yeterli kültürel aşılanma gerekiyordu. Bu sınavlarda çok az sürprizle karşılaşılıyordu, çünkü öğrenciler tam olarak hangi bilgiyi üretmeleri gerekeceği konusunda önceden bilgilendirilmiş oluyordu.

SAT'nin daha masumane bir hedefi vardır. Kişi çözmesi gereken bir problemle karşı karşıya bırakıldığında doğal yetenek başarıdan yalıtılabilir. Test, önceden alınmış matematik eğitiminin etkisini en aza indirmeye çalışır; mikroskop altına alınması gereken, matematiksel akıl yürütme sürecidir. Sözel alanda ise testler doğru şeyler düşünmeyi değil, bu sefer sözcüklerle düşünme sürecini inceler. Buradaki zihinsel dünya işlemseldir; süreç, içerikten ayrılmıştır.

Bunun nasıl çalıştığı, sözcüklerin anlamı –testin görünürde en objektif kısmı bu bölümdür– üzerine bir SAT hazırlık kitabında görülebilir. İçinde *incelikli* sözcüğü geçen iki cümlenin verilip sözcüğün eşanlamlısının sorulduğu örneği ele alalım:

Huntley'nin *incelikli* analizini izleyen borsacılar derhal satışa geçmişti.

10. Thomas Jefferson'ın John Adams'a mektubu, *The Adams-Jefferson Letters*, ed. Lester Cappon, University of North Caroline Press, Chapel Hill, 1988.

Belediyeyle ilgili meseleleri *incelikli* bir şekilde izleyip haber yapmak Cheryl'ı kuvvetli bir Pulitzer adayı yapmıştı.[11]

Bu problemde borsacı da, Pulitzer ödülü de, kültürel bağlamı dışında ele alınmıştır. Fakat alt alta verilen bu cümleler şaşırtıcı bir durum oluşturur. Birincisi, lise öğrencisinden borsacıların incelikli bilgiyle hareket eden insanlar olduğunu, ikincisi ise incelikli bilginin resmi ödüller kazandırdığını varsaymasını ister. O halde borsacı edebiyat ödülü jürisine mi benzer? Yok öyle değilse, incelikli bilgide önemli olan onun önceden bilinmiyor olması mıdır; ki o zaman da *incelikli*'nin eş anlamlısı *aydınlatıcı* olmalıdır, testi hazırlayanların önermiş olduğu gibi *ayrıntılı* değil.

Belirsizliklerle başa çıkmanın tek pratik yolu, üzerinde çok fazla durmamaktır. Doğru ve objektif cevap, ergenin zihninin yüzeyindedir. Anlamı deşmek, derinlere inmek, kişiyi vakit kaybetme riskine sokar, ki bu da sınavda başarısız olmak demektir; sınavı zanaatçılık ruhuyla ele alan birini bekleyen olası sonuç işte budur. Bu anlamda sınav aslında "kolay"dır; bu safi işlemsel düşünme biçimi, zihinsel yüzeysellik gerektirir.

Yine de bu gibi sınavlarda amaç *doğuştan gelen* kabiliyeti sınamaktır. Chicago'nun bir gettosunda kaybolmuş zeki genç kızın taze ve yanıt vermeye hazır bir kapasitesi olduğu düşünülür; içindeki kapasitenin, testi yanıtladığı odada, koşulların zincirlerini kırarak öne çıkması amaçlanır. Ne var ki, deneyimden bağımsız kabiliyet fikri bir kurgudur. Howard Gardner gibi psikologlar bu iki zihinsel etkinlik türünün –matematiksel ve sözel etkinliğin– niçin görsel ya da işitsel kavrayıştan daha doğalmış gibi ele alındığını da sorgulamıştır: Mimarlar görüntülerle, müzisyenler seslerle düşünür. Dünyadaki fiili performansı büyük ölçüde etkileyen duygusal zeka –bir başkasının sözcüklerinin altında yatan niyeti duymak, başkalarının duygularına saygı duymak, empati– tarifi daha güç bir kavramdır. Genellikle, sözcüklerin ne anlama geldiğini anlamak için bizler,

11. Murray Brumberg, *Julius Liebb, Hot Words for the SAT*, Barron's Press, New York, 1989, s. 75.

hem testi hazırlayanlar hem de yanıtlayanlar, sözcüklerin göndergelerinin var olduğunu varsayarız.

Bu itirazların amacı kabiliyetin varlığını ya da insanlar arasındaki farklılıkları yadsımak değil. İtirazların sebebi, doğal bir aristokrasi bulma projesini tamamlama arayışında insanın zihinsel yaşamının yüzeyselleşmiş ve daralmış olması. Toplumsal referans, duyusal akıl yürütme ve duygusal kavrayış, tıpkı inanç ve hakikat gibi, bu arayışın dışında bırakıldı. Daha modern sınavcılar kültürel önyargıyı hazırladıkları testlerden temizlemeye çalıştı ama kötü bir ironi sonucunda, onlar ne kadar çabalarsa, test ettikleri doğuştan gelen kabiliyet o kadar azaldı.

Zeki bir genç kızın kent gettosundan çıkıp dünyada başarılı olması için gereksinim duyduğu pratik becerilerin, sözel yorumlama süreçleri ve matematiksel akıl yürütme olduğu şeklinde bir savunma yapılabilir, ki yetenek sınavını hazırlayanlar da bunu söylemektedir. Bu savunma ve hatta "potansiyel yetenek" deyişindeki *potansiyel* sözcüğü ile esnek kurumların pratikleri arasında özel bir ilişki vardır.

Bu kurumlar, önceki bölümde gördüğümüz gibi, sahneden sahneye, sorundan soruna, ekipten ekibe hareket eden danışmanlarda örneğini bulan zihinsel yaşam türünü üstün tutar. Ekip üyeleri süreç çalışmasında ustalaşmalıdır çünkü zamanla şirket içinde hareket edeceklerdir. Böyle bir işi yapabilmek için gerçek bir yetenek gerekir. Bu, bağlam ve referans terk edildiğinde neler yapılabileceği konusunda düşünebilme kabiliyetidir, en iyi haliyle, bir tahayyül çalışmasıdır. Ama en kötü haliyle, bu yetenek arayışı, deneyim bağını koparır, koşulların ördüğü zincirleri keser, duyusal izlenimlere itibar etmez, analiz etme ile inanmayı birbirinden ayırır, duygusal bağlanma tutkalını göz ardı eder, derinlere inmeyi cezalandırır. Bu, düşünür Zygmunt Bauman'ın "akışkan modernlik" adını verdiği saf süreç içinde yaşama durumudur.[12] Bu, başı çeken sektörlerde çalışmanın tek toplumsal koşuludur.

12. Bauman, *Liquid Modernity*.

D. BİLGİ VE İKTİDAR

Potansiyel kabiliyet ifadesi bizi yetenek ile işe yaramazlık kabusu arasındaki ilişkiye geri götürür. Bu ilişki, bilhassa ekonominin başı çeken sektörlerinde günümüzde hangi bilgi türünün işe yarar olduğu tarif edildiğinde daha farklı bir görünüm sergiliyor.

Modern çağın büyük düşünürü, Fransa doğumlu Michel Foucault, bilginin belli iktidar biçimlerini nasıl olanaklı kıldığını analiz etmişti. Bireyler ve gruplar üzerinde her zamankinden daha tam denetim kurma amacına hizmet edebilen ve giderek incelikli hale gelen yoğun bilginin gelişimini incelemişti; örneğin, Foucault'ya göre, psikiyatrinin gelişimi hapishanelerin yayılmasıyla yakından bağlantılıydı.[13] Foucault'nun çizdiği şema yüzeysel bilgiyi bir iktidar aracı olarak görmez ve bu yüzden de potansiyel yeteneğin modern meritokraside nasıl arandığını ve kullanıldığını tam olarak tarif etmez. Fakat Foucault meritokrasiyle ilgili yaşamsal öneme sahip bir olguyu aydınlatmıştır: Meritokrasi, yönetimi altındakilerin büyük çoğunluğunu güçsüzleştirir.

Meritokrasi terimini türetirken Michel Young'ın amacı, az sayıda vasıflı insanın bütün bir toplumu nasıl denetimi altına alabildiğini kabaca resmederek betimlemekti. Foucault bu tahakkümün daha ayrıntılı bir resmini çizdi; kitlelerin kendini anlamadığını, kendi yaşam deneyimlerini yorumlamada yetersiz olduğunu hissettirerek seçkinler kitleleri derinden etkiliyordu. Potansiyel kabiliyet testleri de bir bilgi sisteminin yüzeyin ne kadar altına girebildiğini gösterir. Potansiyel kabiliyetle ilgili yargılar, başarıyla ilgili yargılardan daha kişisel bir niteliğe sahiptir. Bir başarı, toplumsal ve ekonomik koşulları, talihi ve şansı, benlikle birleştirir. "Sende potansiyel yok" demek, "beceremedin" demekten çok daha kahredicidir. Kim olduğunuzla ilgili çok daha temel bir iddiada bulunur. Daha derin bir işe yaramazlık anlamı taşır.

---

13. Örneğin, Karş. Michel Foucault, *Hapishanenin Doğuşu*, çev.: Mehmet Ali Kılıçbay, İmge Yayınevi, 2006.

İnsanın içindeki yetenekleri tarayıp duran şirketler bu ifadeyi sırf kahredici olduğu için açıkça dillendirmekten kaçınır. Personel müdürleri, her insanın sınavlar ağının içinden geçebilecek farklı kabiliyetleri olduğundan vs bahsederek genellikle darbeyi yumuşatırlar. Daha açık ifade edersek, örneğin Londra'daki bazı finans firmalarında potansiyel kabiliyet yargıları genellikle enformeldir; üst yönetim hedeflenen ticaret hacmi konusunda nasıl sezgileriyle hareket ediyorsa, astlarının potansiyeliyle ilgili olarak da o kadar sezgileriyle hareket eder; yıl sonu primleri dağıtılırken, antik Romalıların geleceği ölü hayvanların bağırsaklarından okumasına benzer bir yöntem izlenebilir. Geride bırakılmış olmanın, ödüllendirilmemiş olmanın acısı bu firmalarda, ikramiyelerin ya da gelecekteki başarı olasılığının yalnızca işletme kayıtlarına bakılarak hesaplandığı yatırım bankalarında olduğundan daha keskindir.

Yeteneksiz olanlar görünmez hale gelir; gizliden gizliye, başarı değil kabiliyeti yargılayan kurumlarda görüş alanının dışına düşerler. Şirketlerde yaşananlar, insanların daha önce okul yaşamlarında deneyimlemiş olabileceği şeylerin aynıdır. Yeteneksiz olduğuna hükmedilen gençler kendine özgü bireyler olarak görülmez, bir araya toplanabilir bir gövde, bir kitle haline gelirler. Young'ın anladığı şekliyle meritokrasi hem bir fikir, hem de bir sistemdir; bu sistem, kurumun, bir kez yargılanmış bir insana aldırmazlığı üzerine kuruludur.[14] Sorunun şiddetlenmiş olmasının tek nedeni, Gardner'in gösterdiği gibi, yetenek arayışlarının, farklı bireylerin sahip olabileceği farklı türden kabiliyetleri birbirine paralel duruma getirerek, geniş bir ağ oluşturmaya çalışmamasıdır; potansiyel kabiliyet arayışı dar odaklıdır.

Okul ve iş arasında süreç açısından can alıcı bir fark vardır. İlkede bir öğrencinin doğuştan sahip olduğu yetenekle ilgili yapabileceği hiçbir şey olmasa da, yeterince çalıştırıldıktan sonra sınava

14. Michael Young, *The Rise of the Meritocracy*, Transaction Publishers, New Brunswick, 1993.

yeniden giren öğrencilerin notlarının önemli ölçüde yükseldiği iyi bilinen bir gerçektir. Oysa çalışma dünyasında ikinci bir şans nadiren verilir. Esnek örgütlerde, çalışan kayıtları firmanın tek sabit mülküdür. Bir firmanın çalışan kayıtlarını incelerken personel müdürünün çalışanların dosyalarını zaman içinde ne kadar az revize ettiğini gördüğümde hayrete düşmüştüm; ilk yargılar standardı belirliyor, daha sonra ilave edilen bilgilerde tutarlık aranıyordu; kayıtların merkezdeki yöneticiler için sayısal forma tercüme edilmesi ise bu belgelerin içeriğini daha da katılaştırmaktan başka bir şey yapmıyordu.

İşyerinden gönderilmiş ya da önü kesilmiş pek çok işçinin adil olmayan bir şekilde yargılandığına inanması, yargılama gücünün bir başka boyutunu, Foucault'nun çizdiği şema içine yine oturmayan bir boyutu göstermektedir. Iskartaya çıkarılanlar genellikle deneyimlerini doğru yorumlayanlardır: Gerçekten de adil bir şekilde, yani başarıları temelinde yargılanmamışlardır. Adil olmayan bir şekilde yargılanmış olma duygusu firmaların yönetilme şekillerinden kaynaklanır. Başı çeken kurumlarda çalışan bir işçinin idealleştirilen özelliklerinden bazılarını hatırlarsak bunun nedenini anlayabiliriz.

İçindekilerin sürekli yer değiştirdiği bir şirket sorunları çözebilmek için hareketli kapasiteye gereksinim duyar; herhangi bir sorunla derinlemesine ilgilenmek işlevsel olmayacaktır, çünkü projeler başladığı kadar ani sona erer. Yoluna devam edebilen, ürünü olasılık olan problem analizcisi, küresel pazara egemen istikrarsızlıklara daha iyi uyum sağlamış görünür. Esnek bir şirketin gerektirdiği sosyal beceri, kısa ömürlü ekipler içinde başkalarıyla, tanıma fırsatına sahip olmayacağınız başkalarıyla, iyi çalışma kabiliyetidir. Ekip dağıldığında ve siz başka bir gruba girdiğinizde, bu yeni ekip arkadaşlarıyla mümkün olduğunca hızlı bir şekilde işe koyulmanın bir yolunu bulmanız gerekir, çözmeniz gereken problem budur. Potansiyel kabiliyetin sosyal ifadesi, "herkesle çalışabilirim"dir. Öteki insanın kim olduğu önemli değildir; hızlı bir şekilde değişen firmalarda önemli olamaz. Sahip olduğunuz beceri, koşullar ne olursa olsun işbirliği yapma becerisidir.

Bu ideal benlik nitelikleri bir kaygı kaynağıdır çünkü işçi kitlesini *güçsüzleştirir*. Daha önce gördüğümüz gibi bu nitelikler işyerinde sadakat ve enformel güven açısından sosyal eksiklikler üretir, birikmiş deneyimin değerini aşındırır. Şimdi bir de bunlara kabiliyetin içinin boşaltılmasını eklememiz gerekiyor.

Zanaatçılığın en önemli kısmı, bir şeyi doğru yapmayı öğrenmektir. Görünürde tekdüze olan görevlerde bile gelişmeye giden yol deneme-yanılmadan geçer; işçi hata yapmakta özgür olmalı, daha sonra işin üzerinden tekrar tekrar geçmelidir. Yani, kişinin doğuştan sahip olduğu yetenekler ne olursa olsun, beceri ancak aşama aşama, sürekli olmayan bir şekilde gelişir; örneğin müziği ele alırsak, bir harika çocuk bile ancak ve ancak ara sıra yanlış yaparak ve hatalarından ders alarak olgun bir sanatçı haline gelir. Hızlandırılmış bir kurumda ise zaman-yoğun öğrenme güçleşir. Hızlı bir şekilde sonuç üretme baskısı çok fazladır; okullardaki testlerde olduğu gibi işyerinde de zaman kaygısı insanların hiçbir yerde konaklamadan yüzeyi sıyırıp geçmesine neden olur. Kabiliyetin içinin bu şekilde boşaltılması, şirketlerin, geleceğe bakarken geçmiş başarıları hesaba katmama eğilimini artırır.

Bana insanlar neler yapabildiklerini gösteremediklerinden bahsettiklerinde, becerilerini geliştirmekten alıkoyulduklarını kastettikleri izlenimine kapılmıştım. Örneğin sağlık hizmetleri veren bir kuruluşta geri hizmetlerde çalışan işçilerle görüştüğümde, zaman baskısının hesaplardan anlam çıkarmada "orta karar" bir iş çıkarmalarına neden olmasından yakındılar; hızlı çalışanlar terfi ile ödüllendiriliyordu fakat işledikleri faturalar daha yakından incelendiğinde genellikle bir karışıklık olduğu ortaya çıkıyordu. Çağrı merkezlerinde de yönetim telefonda çok fazla vakit geçiren –örneğin, ne istediğini açıkça ifade edemeyen kafası karışık müşterilere fazla hassas davranan– çalışanları uygun bulmuyor. Ucuz uçak bileti satılan gişelerde vakit geçirmiş herkes bu sorundan haberdar: Sabırsızlık kurumsallaştı.

İlkesel olarak, iyi yönetilen her firmanın, çalışanlarının hatalarından ders almasını istemesi ve deneme-yanılma yoluyla öğrenmeyi bir ölçüde kabul etmesi gerekir. Pratikte ise böyle büyük firmalar bunu istemez. Bu devasa farkı yaratan aslında firmanın büyüklüğüdür: Küçük ölçekli hizmet firmalarında (yüz ya da daha az çalışanı olan firmalarda) firmanın hayatta kalması müşterilere gösterilen ilgiyle doğrudan alâkalıdır. Fakat büyük ölçekli sağlık sigortası şirketinde yüzeyselliğin işlevselliği kanıtlanmıştır; işleri yoluna koymak için çok fazla zaman harcamak ödül getirmemiştir. Sonuç, meslektaşlarımın ve benim incelediğimiz firmalarda –hüsrana uğramış bir müşteri fark etmeyebilse de– kendisi de hüsrana uğramış, hiç de az olmayan sayıda çalışandı.

* * *

Sözün kısası, somutlaşan işe yaramazlık kabusu, kaygı verici bir kültürel drama üzerindeki perdeyi kaldırıyor. İnsanların başkalarının gözünde değerli ve işe yarar biri haline gelmekte kullandığı klasik yöntem zanaatçıların yöntemiyle aynıdır: Özel bir yetenek, belirli bir beceri geliştirmek. Ama modern kültürün içinden çıkan alternatif bir değer formülü var ki, zanaatçılığın taleplerinin geçerliliği konusunda şüphe uyandırıyor.

Kökeninde, meritokrasi, sıra dışı kabiliyetleri olan bireylere fırsat sunmayı amaçladı; bu, Jefferson'ın "doğal aristokrasi" görüşüydü. Bu görüş anılan türdeki insanların fırsatı hak ettiğini savunarak etik bir görünüme büründü; toplumun onlara bu fırsatı sağlaması bir adalet meselesiydi. Başlangıçta bu arayış bir seçkini diğeriyle, doğal aristokrasiyi soydan geçen ayrıcalıkla karşı karşıya getirdi. Fakat toplum, alışılmadık yetenekleri aramakta kullanılan teknolojiyi zamanla daha incelikli hale getirdi. Geçmişteki başarıya bakmaktansa büyüme potansiyelinin peşine düşen yetenek arayışı, esnek şirketlerin tuhaf koşulları için biçilmiş kaftandı. Bu şirketler aynı araçları daha büyük bir amaç için, hem bireyleri elemek, hem de teşvik etmek için kullandı: İnsanlar arasında yapılan bu haksız kıyaslama son derece kişisel hale geldi. Bu yetenek seçme işi sırasında iç kaynakları olmadığına hükmedilenler Araf'ta bırakıldı. Geçmişte neler başarmış olurlarsa olsunlar, artık işe yarar ya da değerli olduklarına hükmedilemezdi.

III

Siyaset tüketimi (Tüketme politikaları)

Yeni ekonomi yeni bir siyaset mi doğuruyor? Geçmişte siyasete ekonomik enerjiyi sağlayan eşitsizlikti; bugünse eşitsizlik hem para hem de iş deneyimi açısından yeniden biçimlendiriliyor.

Toplumsal düzenin en üstündeki büyük servet kuşağı kötü bir üne sahip; yeni ekonomiden kâr edenler ile orta sınıftan olup yeni ekonomiden kâr etmeyenler arasındaki sınıf ayrımı sonuç üzerinde daha etkili olabilir: Örneğin, emek analisti Robert Reich, "beceri seçkinleri," "enformasyon ustaları" ve "sembolik analistler"in durgun bir orta sınıftan ayrıldığı "iki katmanlı" bir toplumdan bahsediyor.[1]

1. Robert Reich'in Democratic Leadership Council'de [Demokratik Liderlik Konseyi] yaptığı "The Revolt of the Anxious Class" [Kaygılı Sınıfın İsyanı] başlıklı konuşma, 22 Kasım 1994, s. 3.

Dipte, akıcı ya da parçalanmış bir ekonomide kendilerine yer bulmuş emekçiler –çoğunlukla ekonominin gayri resmi ya da "gri" sektörlerinde çalışan göçmenler– ile manevra için daha az yeri olan, bir zamanlar piramit şeklindeki sendikalar ya da işverenler tarafından korunan geleneksel işçi sınıfından insanlar arasında bir sınıf farkı ortaya çıkmakta olduğuna işaret ediyor Alain Touraine. Ortada, insanlar yerinden edilmekten, oyun dışı bırakılmaktan ya da gereğince faydalanılmamaktan korkuyor. Geleceğin kurumsal modeli onlara ne işyerinde bir yaşam anlatısı sağlıyor, ne de kamu alanında fazla bir güvenlik vaadinde bulunuyor. Ağ toplumunda, ortadakilerin enformel ağları ince.

Toplumsal kapitalizm çağında, ekonomik sistemin zorlayıcı talepleri *hınç* üretti. Bu sözcük bir duygular grubunu, ekseriyetle, kuralına göre oynayan sıradan insanlara adil davranılmadığı inancını ifade ediyor. Hınç, ekonomik kökenlerinden ayrılma eğilimindeki ve yoğunlukla toplumsal bir duygu; insanların seçkinlerce hor görülmeye, yahut hak etmedikleri toplumsal ödülleri çalıyor görünen Yahudilere veya diğer içsel düşmanlara içerlemesine ya da öfkelenmesine neden oluyor. Geçmişte, din ve vatanseverlik hıncın hükmettiği intikam silahları haline geldi. Ama duygu ortadan kalkmadı. Bugün ABD'de bir zamanlar merkez solda yer alan bunca işçinin maddi stresi kültürel simgelere tercüme ederek bu kadar sağa kaymış olmasının nedenini hınç açıklayabilir.

Evet, hınç duygusu bir gerçek; ama bence ekonomiyle siyaseti hınç üzerinden ilişkilendirmek fazlasıyla dar görüşlü bir yaklaşım olur, çünkü maddi güvensizliğin teşvik ettiği tek şey, tedirgin edici değişimi haber verenlerin şeytan gibi gösterilmesi değildir. Ekonomi de bir öğretmendir: İnsanların yeni olanı –yeni malları ve hizmetleri– tüketmeyi öğrenme şekillerini inceleyerek gündelik deneyimlerinin daha derinlerine inebiliriz ve sonra kendimize sorarız: Gerçekten insanlar siyasetçileri giysi seçer gibi mi seçiyor? Belki yurttaşı öfkeli bir seçmen değil de, satın alma baskısıyla karşı karşıya olan bir siyaset tüketicisi olarak değerlendirebiliriz.

Tüketim meselesi bizi yeni ekonominin yüreğine ve özellikle de dev bir firma olan Wal-Mart'ın satış katına götürür. Bu indirimli mal satan küresel perakendeci 2004 yılında tüm dünyada 1.4 milyon işçi istihdam ediyordu; 258 milyar dolarlık geliri "ABD gayri safi milli hasılasının %2'si ve Microsoft'tan sekiz kat büyük."[2] Bu yeni şirket, hızla gelişen Çin imalat sanayine başvurarak tedarikçilerini ve ileri teknolojiden faydalanma şekillerini yeniledi. McKinsey Enstitüsü, üretkenliğini "süregiden bir yönetim değişikliği"ne borçlu olan ve bu yeniliklerle iktidarı devin merkezinde yoğunlaştırıp, sendikaları güçsüzleştiren ve işçi kitlesine geçici emekçilermiş gibi davranan Wal-Mart'ın, başı çeken bir firmanın ulaşabileceği en yüksek noktada olduğunu söylüyor.[3]

Bu megalitin tüketicilere cazip gelen yanı, ucuza satın almak isteyebilecekleri her şeyi –giysiler, otomobil ürünleri, yiyecek, parfüm, bilgisayar vs– tek çatı altında toplamasıdır. Komutanın merkezileştirilmesi, her şeyin anında elde edilebildiği, giysilerin bilgisayarlardan yalnızca birkaç adım uzaklıkta durduğu bir Wal-Mart mağazasında raflar arasında dolanan bir müşterinin konumuna da yansıyor görünmektedir. Çalışanları benim gördüğüm kadarıyla genellikle yardımsever olsa da Wal-Mart'ta bir sınıf olarak satış görevlisi tüketim sürecinin dışına çıkarılmıştır: Burada yüz yüze aracılık ya da ikna yoktur. Bu bakımdan firma, orta katmanları, yani yorumlayıcı katmanları kadrolarından çıkaran diğer başı çeken bürokrasilere benzer. Hangi indirimli ürünün satın alacağına karar verirken kişi yaratılan küresel imaja ve pazarlamaya bakıyor.

Absürd görünebilse de, ekonomi ve siyasetle ilgili soruyu şu şekilde sadeleştirebiliriz: İnsanlar siyasetçileri Wal-Mart'ta alışveriş yapar gibi mi seçiyorlar? Yani, siyasi örgütlerin merkezileşmiş hakimiyeti, aracı konumundaki yerel parti siyasetini gözden çıkarma pahasına mı güçlendi? Siyasi liderler sabun gibi alınır satılır mı ol-

2. Simon Head, "Inside the Leviathan", New York Review of Books, 16 Aralık 2004, s. 80.
3. Karş. McKinsey Global Institute, "US Productivity Grown, 1995-2000," VI. Bölüm, "Retail Trade," www.mckinsey.com/knowledge/mgi/productivity.

du, siyasi tüketici raftan ilk bakışta tanınan markaları mı seçiyor?

Eğer yukarıdaki soruların hepsinin yanıtı "evet" ise, pazarlama siyasetin püf noktası olmuş demektir, ki bu siyasi yaşam açısından kötü bir manzaradır. Demokrasi fikrinin kendisi aracılık ve yüz yüze tartışma gerektirir; ambalajlamadan ziyade müzakere ister. Bu düşünce silsilesini izlersek reklamcılıktaki bütün baştan çıkarma numaralarının şimdi siyasetçilerin kişiliklerinin ve fikirlerinin pazarlanmasında kullanıldığını dehşetle gözlemleyebiliriz; daha açık ifade edersek, nasıl ki reklam müşterinin işini nadiren güçleştirirse, siyasetçi de kendini kolay satın alınır hale getirmektedir.

Ben bu aşikâr cevaba itiraz etmek istiyorum. İtirazımın nedeni cevabın yanlış olması değil, yeni ekonominin pazarlamayı da siyaseti de daha karmaşık bir hale getiriyor olması. Wal-Mart'ın işçilerini ezdiğine şüphe yok; fakat aynı zamanda müşterilerinin gerçek bir ihtiyacını karşılıyor.[4] Ancak bir snop, ucuz ürünlere tepeden bakabilir; o halde "ucuz" siyasete tepeden bakmalı mıyız? Mega-mağazanın siyasi versiyonu yerel demokrasiyi bastırıp, bireysel fanteziyi, tıpkı reklamların yaptığı gibi, devreye sokabilir; siyasetin içeriğini ve özünü aşındırıp, değişim tahayyülünü kamçılayabilir.

Siyasi dürüstlük bunu ciddiyetsiz bir düşünce olarak ele alacaktır. Oysa yeni kapitalizmin avatarları, yeni yapıların değişim tahayyülünü harekete geçirdiğini güçlü bir şekilde savunmuştur. Siyasetçilerin nasıl pazarlanır hale geldiğine ve onları pazarlayan kurumlara en azından açık bir zihinle bakmamız gerekiyor; bu konuyu açık bir zihinle değerlendirme çabası, kabul etmeliyim ki, benim için güç, çünkü yerel, aracı konumundaki siyasetin kaybedilmesi bence aslında ölümcül bir yara. Eğer ekonomi yeni modele doğru ilerlemeye ve siyasi idealler de geriye bakmaya devam ederse, ideal, fayda etmez bir hasretten başka bir şey olmayacaktır.

---

4. Karş. Liza Featherstone, *Selling Women Short*, Basic Books, New York, 2004.

A. KENDİ KENDİNİ TÜKETEN TUTKU

Antik dönemde Atinalılar siyaset yaptıkları yeri, yani Pnyx'i [Pnika], kentin merkezî ekonomi mekânından, yani Agora'dan ayırdılar. Ayrılma, toplumsal düşünüşteki klasik bir önermeyi temsil ediyor. Bu önerme, ekonomik etkinliğin insanların siyaset yapma kapasitesini zayıflattığıdır. Mantık basit: Platon'a göre ekonomi gereksinim ve açgözlülük temelinde işlerken, siyaset adalet ve hak temelinde işlemeliydi. Modern zamanlara yaklaştıkça, Albert Hirschman'ın *The Passions and the Interests*'de [Tutkular ve Çıkarlar] belgelediği gibi, ekonomi ile siyaseti ayırma işi farklı bir kavis aldı; XVI. ve XVII. yüzyıllarda ticaret, gerçek tutkuları genellikle şiddete yol açan siyasetten çok daha barışsever ve ılımlı bir etkinlik gibi görünüyordu.[5]

Ekonominin siyaset için gereksinim duyulan enerjiyi soğurduğu inancı sanayi çağında bazı Marksizm versiyonları içinde yeniden ortaya çıktı. Fiziksel yoksunlukların ve fabrika işinin insanı harap eden meşakkatinin, insanlarda farklı bir kolektif yaşam biçimi tahayyül edecek takat bırakmayarak, işçileri yalnızca hayatta kalmaya odakladığı iddia ediliyordu artık. Bu düşünmeyi onların yerine devrimci bir öncünün yapması gerekecekti. Yani, siyasi tahayyülün ekonomik deneyimden belli ölçüde korunması gerekiyordu. Bu klasik olumsuz önerme günümüzde bir değişim daha geçirdi. Bu değişim, tüketimin kendisinin taşıdığı anlam nedeniyle, gündelik yaşamı teoriden daha çok ilgilendiriyor.

Şiirsel kullanımda, tüketen bir tutku, şiddetiyle kendi kendini yakan bir tutku anlamına gelebilir; daha donuk bir şekilde ifade edersek, bir şeyleri kullanarak onları harcarız. Hararetle arzuladığımız bir giysi, onu satın alıp birkaç gün giydikten sonra bizi daha az heyecanlandırır. Burada tahayyül, beklenti halinde olunduğunda en güçlü halindedir, kullanıldıkça zayıflar. Günümüzün ekonomisi bu kendi kendini tüketme türünü alışveriş merkezlerinde de siyasette de güçlendirmektedir.

5. Albert Hirschman, *Tutkular ve Çıkarlar*, çev.: Barış Cezar, Metis, 2008.

XIX. yüzyılın büyük sanatçısı Honoré de Balzac kendi kendini tüketen tutkuları anlatmıştır. Balzac'ın sahip olmadıkları şeyleri yana kavrula isteyen karakterleri, istediklerine sahip olduktan sonra şevkini kaybeder. Bu karakterler Proust'un ünlü Aşk Yasası'nın habercileridir; kişi ne kadar erişilmezse o kadar çok arzulanır. *Goriot Baba*'da Balzac bu psikolojinin toplumsal bir geçişi, biriktirmiş olduğu her şeye sıkı sıkıya tutunan eski moda köylülerden, yerine getirildiğinde ölen maddi arzular içinde yaşayan daha kozmopolit karakterlere bir geçişi temsil ettiğini tahayyül eder. Sosyologların bu toplumsal değişimi kurumlardaki bir değişimle, örneğin, miras kalan toprakların ya da evlerin bir servet kaynağı olmaktan çıkmaya başlamasıyla yahut daha özgürce ve düzenli bir şekilde harcanabilen tek kullanımlık, aylık gelirin artmasının ya da makine üretiminin yığınla yeni şeyin satın alınmasını olanaklı kılmasıyla açıklaması mümkün.

Aşırılık ve israf, kendi kendini tüketen tutkunun çatısı altında evlendiler. Eski rejimde Parisli bir kâtibin evindeki gardıroba göz atabilseydik, elde dikilmiş birkaç kadın elbisesi, belki iki erkek takımı ve kuşaktan kuşağa geçen ayakkabılardan başka bir şey bulamazdık. Mutfakta yine elde yapılmış tek bir tabak takımı, birkaç tencere, kaşık ve kepçeler bulurduk. Mekanik üretim Balzac'ın zamanında hem maliyeti düşürdü hem de bu tür sıradan ürünlerin hacmini artırdı. Orta gelirli bir ailenin eskimiş ayakkabıları onarmaktansa çöpe atmayı düşünmesi ya da birkaç taneden daha fazla mevsimlik giysiye sahip olması ancak XIX. yüzyıl ortalarında mümkün oldu. Mekanik üretim, Georg Lukac'ın, Balzac'ın arzunun kapitalizm tarafından genişletilmesini önceden haber veren bir kâhin olduğu şeklindeki gözlemini açıklıyor; fakat bunun sonucunda hazzın sahip olmayla sönümlendiğini, bolluk tek başına açıklamıyor.

XX. yüzyılda kendi kendini tüketen tutkuyla ilgili hiçbiri tam doyurucu olmayan iki açıklama geliştirildi. Birisi, reklamcılık ve kitle iletişim araçlarının insanların arzularını şekillendirerek, sahip olduklarıyla tatmin olmamış hissetmelerini sağlamayı öğrendikleri anlamına gelen "moda makinesi" idi. Bu görüş Vance Packard'ın XX. yüzyıl ortalarında yayımlanan *Hidden Persuaders* [Çaktırmadan İkna] adlı incelemesinde etkili bir biçimde ileri sürülmüştü.[6] Burada şeytani olan pazarlamaydı. Diğer açıklama, halk yeni şeyler satın alsın diye ürünlerin kasten dayanıksız yapıldığını savunan "planlı eskime" idi. Bu ikinci açıklamanın dayandırıldığı kanıtlar Amerikan otomobil ve giyim endüstrilerinden geliyordu; arabalar öylesine zayıf kaynaklanıyor, giysiler öylesine kötü dikiliyordu ki, iki üç yıl sonra çöpe gidecek hale geliyordu.[7] Burada şeytani olan üretimdi.

Her iki görüş de değerli olmakla birlikte bu görüşler tüketicinin edilgen bir rol oynadığını varsayıyor; tüketiciyi reklamcılığın elinde bir oyuncak ya da bir ıvır zıvır mahkumu olarak değerlendiriyor. Ancak iş yaşamındaki değişimler ve yetenek arayışı, bireylerin kendi kendini tüketen tutkuyla ilişkisinde daha etkin bir role sahip olabildiğini gösteriyor.

İş bürokrasilerindeki değişim –bunu birinci bölümde incelemiştik– başı çeken bir kurumda kişinin konumu üzerindeki hakimiyetinin kırılganlığını gösterdi. İş bir mülk değildir, sabit bir içeriği de yoktur, onun yerine, sürekli değişen bir ağ içindeki bir konum haline gelir. Bir ağ düğümü –yönetim dilinde kullanılan o tuhaf şekilde içeriksiz sözcük budur– Max Weber'in anladığı anlamda bir makamdan farklıdır. İnsanlar kurum içinde en iyi konumu kapmak için vahşice yarışabilirler fakat belirli bir mevkinin sahibi olmak amacıyla değil. Birinci bölümün açık hale getirmeye çalıştığı gibi, bu deneyim kişinin elindekiyle asla yetinmeyecek kadar hırslı olmasından daha kapsamlıdır. Kurumların kendisi durmadan yeniden icat edildiğinde mesleki kimlikler harcanır, tükenir. Çoğu şirket yeniden-yapılanmasında da kendi kendini tüketen bir tutku iş başındadır; bu nitelik en çok, firmalar birleştiği zaman ortaya çıkabilecek

6. Vance Packard, *Çaktırmadan İkna*, çev.: Gürkal Aylan, Mediacat Yayınları, 2007.
7. Vance Packard, *The Waste-Makers*, D.MacKay, New York, 1960.

"sinerjiler"in peşine düşüldüğünde göze çarpar. Evlilik gerçekleştirilip, personel azaltıldıktan sonra sinerji arayışı da sona erer. Örneğin Time Warner ile AOL'in 1990'lardaki birleşmesinde böyle olmuştu; gerçekleştirmek mümkün hale geldiğinde arzu kaybolmuştu.

Modern çerçeve, yeteneğe, kendi kendini tüketen tutkuya benzer bir görünüm veriyor. İkinci bölümde, teknoloji, tıp ve finans gibi gelişmiş sektörlerde sabit becerilere nasıl hızla meydan okunduğunu gördük. Zanaatçılığa, yani bir şeyi o şeyin kendisi için yapmaya verilen değer, sürecin ve ilişkiler ağının hakim olduğu kurumlarda, her zamankinden daha rahatsız bir yerde duruyor. Esnek şirketler, portatif insan becerilerine, değişen oyuncularla birden fazla sorun üzerinde çalışabilmeye, eylemi bağlamından koparmaya büyük prim veriyor. Yetenek arayışı, özellikle, her bağlamda sorun çözme yeteneğine sahip insanlara odaklanıyor, çünkü bu tarz bir yetenek fazla içe doğru büyüme tehlikesini uzak tutuyor. Potansiyel yetenek, insanın henüz yapmadığı şeyleri gelecekte yapma ihtimalini vurguluyor; başarı ve ustalık kendi kendini tüketiyor, bağlamlar ve bilgi, içerikleri harcandıkça, tükeniyor.

Tüketim bu deneyimleri tamamlamada ve meşru kılmada büyük rol oynuyor. Bir şeyler satın almaya gelen insanlara kendi kendini tüketen tutkuyu pazarlamak *cazip* görünüyor. Bu, biri doğrudan, diğeri gizli olmak üzere iki yolla yapılıyor: Bu yollardan doğrudan olanı markalaştırmadan, gizli olanı satın alınacak şeyleri güç ve potansiyel kaftanıyla süslemekten geçiyor.

B. MARKALAŞMA VE GÜÇ

Tüketicinin neyi arzuladığını araştıran incelemesinde Sharon Zukin pratikteki alışveriş ikilemini şöyle ifade etmişti: "Tüketici, önceki kuşakların hakim olduğu üretim bilgisinden yoksun." Özellikle, "1960'lara gelindiğinde Amerikalılar artık inek sağmayı, ekmek yapmayı ya da sabun kutusundan araba yapmayı veya eşyaları sandıklarda saklamayı bilmez olmuştu."[8] Zukin'e göre bu, akıllıca satın almaya çalışan insanın fiziksel şeylere dair yeni bir anlayışa gereksinim duyduğu anlamına gelir: "üretim bilgisi yerine ... zanaat bilgisi," derken Zukin'in kastettiği, "bir ürünün niteliklerinin duyularla değerlendirilmesi, farklı üretim teknikleriyle ilgili biraz bilgi ve bir ürünün 'ardındaki öyküyü', yani ürünün geldiği kültürel geleneğin toplumsal bir anlatısını zihinde oluşturacak bir tahayyül" idi.[9] Diğer bir deyişle, modern tüketici bir zanaatçının yaptığını yapamazdı ama bir zanaatçı gibi düşünmeliydi.

Fikren bu doğru. Ve pratikte, Wal-Mart'ın bir meziyeti, özellikle işyerinin kendi ürünleri söz konusu olduğunda, mağazalarının faydacı karakterinde yatar; sayısız rafa üst üste yığılmış ürünler arasından seçim yapabilmesi için tüketici bu ürünler hakkında bir şeyler bilmelidir. Fakat diğer pazarlama şekilleri tüketiciyi bir ürünün faydası konusunda bir zanaatçı gibi düşünmekten alıkoyma çabasındadır. Markalaşma ise küresel ölçekte satılan temel bir ürünü farklı gösterme, homojenliği gözden saklama amacındadır. Bugün bunları yapmak için kullanılan araçlar Packard'ın "motor of fashion" [moda makinesi] kavramından daha karmaşık.

Günümüzde imalat, otomobillerden bilgisayarlara, bilgisayarlardan giysilere, malların "platform inşası"nı küresel bir ölçekte düzenliyor. Platform, ürünü belirli bir markaya çevirmek için üzerinde ufak, yüzeysel değişikliklerin yapıldığı temel bir nesnedir. Platformun üretim süreci, seri üretim yapılan bildiğimiz endüstriyel üretim sürecinden farklıdır. Modern teknolojiler şişelerin ya da kutuların şeklini ve boyutunu bir çırpıda değiştirebilir; elektronik üretimde içerik de eski moda montaj hattında olduğundan daha hızlı bir şekilde yeniden biçimlendirilebilir, çünkü montaj hattında araçlar tek bir amaca uygundur.

İmalatçılar modern platform üzerine eklenen bu değişikliklere altın kaplama adını verirler ve bu çok doğru bir tasvirdir. Satıcı, te-

8. Sharon Zukin, *Point of Purchase*, Routledge, Londra, 2004, s.185.
9. a.g.y.

mel olarak standartlaştırılmış bir şeyi satmak için, hızla ve kolayca tasarlanmış ufak değişikliklerin değerini abartacak, böylelikle önemli olan yüzey olacaktır. Marka, tüketiciye, ürünün kendisinden daha değerli görünmelidir.

Otomobil imalatı iyi bir örnektir. Volkswagen ve Ford gibi dev firmalar küresel bir otomobilin versiyonlarını –iskelet, motor ve kaporta parçalarından oluşan temel bir platform– üretip sonra yüzeydeki farkları altınla kaplayabilmekte ve de kaplamaktadır. Genellikle, bu tür üretimde, platform üzerindeki kaba montaj çalışması gelişmekte olan dünyadaki düşük-ücret ülkelerinde, altın kaplama ise yerel pazarlara yakın perdahlama tesislerinde yapılacaktır. Bilgisayarlar da aynı şekilde üretilir: Pazardan uzak ortak bir platformda üretilen çipler, devre kartları ve yüzler, pazarlara hem mesafe hem zaman açısından yakın bir yerde marka haline gelir.

Platform imalatçısı açısından sorun, farklılaştırmanın nasıl kârlı hale getirileceğidir. Şempanzelerle insanların DNA'sının yaklaşık %96'sı aynıdır. Volkswagen şirketinin tüketicileri, alçakgönüllü bir Skoda ile üst model bir Audi arasındaki farkların, üst modelin, alt modelin fiyatının iki katından fazla bir paraya satılmasını haklı çıkardığına ikna etmesi gerekir. İçerikteki %10'luk bir fark nasıl olup da fiyatta %100'lük bir fark haline gelebilir? Aynı soru, hizmetlerle ilgili olarak da sorulabilir: Bir uçağın hızı, uçağın hizmet platformu sayılabilir. Okyanus aşırı bir uçuşta birinci sınıfta yolculuk etmek, ekonomi sınıfında yolculuk etmekten 4-5 kat daha pahalıdır; fakat iş adamı ne 4-5 kat daha geniş bir yerde yolculuk eder, ne de 4-5 kat daha iyi bir hizmet alır; ve uçağın hızı bütün kabinlerde aynıdır. Yine, ne Skoda ne de Audi çabucak eskiyiverir; platformlarının kalitesi mükemmeldir. Bu takdire değer imalat gerçeği ekonomik bir tehdit oluşturur. Eğer şirket sırf sahip olmanın fayda ve erdemlerini vurgulayacak olsaydı, daha az araba satardı ve Zukin'in bahsettiği zanaatçı-alıcılar genellikle Skoda-eğilimli olurdu.

Farkı göstermek, böylelikle, kâr üretmede en önemli şey olur. Eğer farklar belli bir şekilde abartılabilirse, bakan kişi o kendi kendini tüketen tutkuyu deneyimleyecektir.

Britanya reklamcılığında Skoda, deneyimin ötesinde bir şey olarak sunulur; arabanın içi ve dışı, genellikle sunumu tamamlayan bir sürü bilgilendirici yazı eşliğinde açıkça gösterilir. Üst model Audi ise genellikle sürücü koltuğundan manzaranın nasıl göründüğünü gösterir. Reklamlarda çok az metin vardır ve manzara, üst modelin üstü açık iki kapılı bir araba mı yoksa Sahra'da yolculuk ederken de alışveriş merkezine giderken de eşit derecede rahat olan bir sedan mı olduğuna bağlı olarak, reklamdan reklama değişir. Bu görsel fark, alıcının zihninde Skoda ile Audi arasında kurulabilecek her türlü ilişkiyi yıkmayı amaçlar.

İmalatçı, nesnenin ne olduğuna gösterilen dikkati azaltarak, nesnenin çağrıştırdıklarını satmayı umar; dışarıdaki manzarayı sürekli olarak değiştirerek, farklı markalarda ve modellerde farklı bir manzara sunuyor görünen ve durmadan değişen bir süreç olan "sürüş deneyimi"ni vurgulamayı umar. Tabii ki, işlev açısından bakıldığında bu, business class yolcularının Atlantik'i uçağın arkasında oturanlardan daha hızlı geçtiğini söylemenin eşdeğeridir. Tüm markalaştırmalarda işin zor tarafı, bu asılsız temanın varyasyonlarını yaratmaktır ve bu, bağlamsızlaştırma yoluyla yapılır.

Altın kaplama, planlı eskimenin yarım yüzyıl önce şekillenmiş olan şartlarını değiştirdi. W. Edwards Deming toplam kalite yönetimiyle ilgili fikirlerini geliştirdiğinde, kusurlu ürünlerin tüketiciler tarafından normal kabul edildiği –günümüzde tüketicilerin yeni yazılımın başlangıçta kalitesiz olmasını normal kabul etmesi– gibi bir üretim gerçekliğiyle yüz yüze geldi. Deming'in fikirlerine yanıt veren Japon otomobil ve elektronik imalatçıları, amacı açısından modası geçmeyen ürünler yaratma çabasına girerek, yeni bir pazar oluşturdular. Toyota ve Sony gibi firmalar bunda son derece başarılı oldu. Bu firmaların ürettiği makineler Deming'in ifadesiyle "amaca uygun" idi. Bu ifade iki anlamlıydı: Makine sadece yapması gerekeni yapıyordu ve bunu, tıpkı bir atletin zinde olması gibi, gerektiği şekilde yapıyordu. Daha sonra, otomasyonlu üretim ve elektronik ürün kontrol sistemi, toplam kalite yönetimini bugünün normali haline getirdi. Sorun, elbette, bu yüksek standarda bir kez ulaştıktan sonra, ürüne olan talebin düşmesiydi. Bu bir anlamda eski bir güçlük. 1920'lerde Henry Ford müşterilerin, istediği "siyah renkte" Model T'yi alabileceğini ilan ettiğinde, oğlu Edsel Ford, renklerin kâr getirdiğini söyleyerek zekice bir hamle yapmıştı. Artık değişmiş olan, farkları abartma sürecine tüketicilerin de katılıyor olması. Bu noktada, pazarlamanın neyi amaçladığından, tüketicinin niçin yanıt verdiğine geçiyoruz.

Tüketici, giderek artan bir şekilde homojenleşen mallarda fark uyaranını arar. Bir klon kentten bir diğerine gezip duran, her kentte aynı mağazalara girip, aynı ürünleri satın alan bir turiste benzer. Önemli olan geziyor olmasıdır: Tüketiciyi uyaran, ileri gitme sürecinin kendisidir. Sosyolog Guy Debord tüketicinin nesnelere yaptığının bu olduğunu söyler: Kişinin arzusunu değiştirmesi, seyahat etmek gibi, bir gösteri haline gelir; insan yer değiştirdiğini hissettiği sürece, satın aldığı şeylerin hep aynı olmasının önemi yoktur.[10] Sosyolog Erving Goffman, reklamcılık üzerine yaptığı son çalışmalarda, tüketicinin katılımıyla ilgili tamamlayıcı bir görüş öne sürer. En sofistike tanıtımların, tüketiciyi resmi tamamlamaya davet eden "yarı bitmiş kareler" olduğunu vurgular.[11] İronik reklamların yaptığı budur; arabayı değil de Sahra Çölü'nü göstererek araba satmak da öyle. Debord açısından da Goffman açısından da sonuç aynıdır. Tüketici kendi hareketliliği ve tahayyülüyle meşgul olur: Hareket ve tamamlanmamışlık, tahayyüle eşit derecede güç verir; sabitlik ve katılık ise tahayyülü eşit derecede zayıflatır. Tüketici, markalaştırma eylemine katılır; ve bu eylemde önemli olan platformdan ziyade altın kaplamadır.

Daha çok Skoda-eğilimli biri olarak ben bu tür görüşleri ciddiye almakta güçlük çekiyordum; ta ki New York'taki bir reklam ajan-

10. Guy Debord, *Gösteri Toplumu*, çev.: Ayşen Ekmekçi, Okşan Taşkent, Ayrıntı Yayınları, 2006.
11. Erving Goffman, *Gender Advertisement*, Harper and Row, New York, 1976.

sında bir votka markasıyla ilgili bir dizi ürün konferansına gidene kadar. Votkayla ilgili temel gerçek, tatsız ve hemen hemen kokusuz olmasıdır. Birkaç hafta boyunca ajansın "yaratıcı ekip"inin bu yeni votka markasını nasıl satacaklarıyla ilgili kıvranışını seyrettim; buldukları çözüm, ürünün ismiyle birleştirilmiş seksi erkek ve kadın karnı resimleriydi. Resimlerde bunun ne tür bir ürün olduğuyla ilgili hiçbir işaret yoktu. Çağrışımları kurmak bütünüyle tüketiciye kalıyordu. Kampanyanın ayırıcı özelliği, anlaşılan o ki, çıplak karın görüntülerinin ağızdan ağıza dolaşarak, birinin bana "bileşik çağrışım etkileri" [compound associational effects] olarak açıkladığı şeyi üretecek olmasıydı. (Şunu belirtmeliyim ki yaratıcı ekipten birkaç kişi gerçekten içiyordu.)

Tahayyüle katılmaya davet eden reklamcılık modern zamanlara özgü olmasa da, günümüzde belli bir ağırlığı var. Örneğin, Marx'ın "katı olan ne varsa buharlaşıyor" deyişi *Kapital*'in ilk cildinin son sayfalarında meta fetişizminin epeyce farklı bir analiziyle dengelenmiştir. Marx'a göre, sıradan şeyler, bir tür kişisel müzede bulunan insan anlamlarıyla büyülü bir şekilde donatılmıştı ve tüketici koleksiyonuna hep daha fazlasını ekliyordu; tüketici hazinelerini istif ediyordu, amacı biriktirmekti. Kendinden bunca yatırım yaptığı bu fetişlerden vazgeçmek tüketicinin isteyebileceği son şeydi. Şimdi, Debord ve Goffman'ın tarif ettiği tüketim türünde, bir nesneden vazgeçmek kayıp olarak yaşantılanmıyor. Aksine, terk etme, yeni uyaranlar bulma sürecine uygun düşüyor; mallar temelde standartlaştırılmış olduğundan nesnelerden vazgeçmek bilhassa kolay.

Kendi kendini tüketen tutku böyle ortaya çıkıyor. Bu fantezi kurma davetine burun kıvırmalı mıyız? İşlev açısından Skoda benzeri bir dünyada yaşamayı yeğleyen katı bir faydacı böyle yapar. Gerçek zanaatçı ise ürün iyi olduğu sürece umursamayabilir. Fakat sahiplenicilikten kurtulmuş olmak da bir tür özgürlüktür. Başımızı kaldırıp ileri bakarsak, yurttaşların kendi çıkarlarını savunmak, halihazırda sahip olduklarını korumak için değil de, olabilecekler için, ortak bir tahayyül için oy vermesi daha iyi olmaz mı?

* * *

Kendi kendini tüketen tutkunun ikinci bir belirtisi güçte yatar. Güç, satın alabileceğimiz bir şeydir; cinsel gücü artıran hapları değil, makineleri kastediyorum. Örneğin elektronik endüstrisinde, sıradan tüketicilerin hiçbir zaman kullanmayacakları kadar yüksek kapasiteli gereçler –çoğu insan bilgisayarında en fazla birkaç yüz sayfa mektup saklarken dört yüz kitap saklayabilen bellek sürücüleri, bilgisayarda hiç açılmadan öylece duracak yazılım programları– satın alması sıradan bir şey. Bu müşterilerin davranışı, genellikle milim milim ilerleyen trafikte sürünen insanların süper hızlı spor arabalar satın almasına ya da çölde yolculuk etmek için tasarlanan korkunç SUV makinelerinin çocukları okula götürüp getirmek için kullanılmasına benzer. Tüm bu insanlar güç tüketicileridir.

Sermaye piyasalarının doğuşundan beri yatırımcıları yönlendiren, nesnelerin gücüne duyulan akıldışı inançtır; tıpkı İngiliz yatırımcıların XVII. yüzyılda içine sürüklendiği "lâle çılgınlığı"nda olduğu gibi. Bu yavan, işe yaramaz çiçek soğanlarını alıp satmanın Britanyalı banka sahiplerini bir şekilde zengin etme ümidi verdiği bu dönem, 1990'ların ".com" yatırımı çılgınlığının bir habercisi olmuştur. Bu tür tüketimdeki cazibe, yatırımcının başkalarının göremediği olanakları kendi yararına kullanmasıyla ya da safi sihirle, sermayenin artacak olmasıdır. Güçlü bir makine satın almanınsa başka türlü bir çekiciliği var; günümüzde satılmakta olan küçük güzel bir nesne var ki bu çekiciliği kendinde cisimleştiriyor.

Bu nesne, üç dakikalık on bin tane şarkı saklayabilen ve çalabilen iPod. İnsan on bin şarkıyı nasıl seçer yahut bunları iPod'a yükleyecek vakti nereden bulur? Bu küçük beyaz kutuda saklanan beş yüz saatlik müziği neye göre düzenler? On bin şarkıyı hatırlayıp, istediğiniz anda, istediğiniz bir şarkıyı, bu on bin şarkı arasından seçmeniz mümkün mü? (İnsan belleğinin bunu başarması, Johann Sebastian Bach'ın neredeyse bütün bestelerini ezbere bilmeye karşılık gelir.)

Rönesans dönemi alimleri kendilerini bir tiyatroda hayal ederek muazzam miktarda olgusal materyali ezberlemeyi öğrenmişti. Olguları, oyun karakterlerinin temsil ettiği kategorilere ayırıp gruplandırırlardı; oyunu kendi zihninde izleyen kişi, örneğin astronomiyi simgeleyen Apollon ve denizciliği temsil eden Neptün etrafında örülmüş bir öykü icat eder, böylelikle bu iki alanın içerdiği çeşitli olgular arasında karşılıklı ilişki kurardı.[12]

Bu bellek tiyatrosu türünün iPod'un rasgele erişim prosedürleri içinde yeri yoktur. iPod'un yanında verilen ve kağıt israfından başka bir şey olmayan kitapçıkta da bu kabul edilir. Makine "içeriğe kayıtsız"dır; kitapçık, materyal indirme protokolüne sahip çeşitli internet sitelerinin ziyaret edilmesini önerir; fakat ziyaretler sadece daha fazla kayıtsızlık ortaya çıkarır. Örneğin bir web sitesi en çok sevilen eski şarkılardan üç bin tanesini sunar; üç bin şarkı ismi alfabetik olarak tek tek sıralanmıştır. Ama toplam dokuz bin dakika süren bu şarkıları akılda tutmanın güçlüğü ortadan kalkmaz. iPod'un ilkel atası olan walkman'i insanların nasıl kullandığıyla ilgili bir inceleme yazan Michael Bull, bekleneceği gibi, insanların hep aynı 20-30 şarkıyı dinlediğini bulmuştur; çoğu insanın sahip olduğu etkin müzik hafızası bu kadardır.[13]

Ama iPod'un olağanüstü ticari çekiciliği de zaten insanın kullanabileceğinden fazlasına sahip olmasından gelir. Çekiciliğin bir kısmı, maddi güç ile kişinin kendi potansiyel yeteneği arasındaki bağlantıda yatar. Gördüğümüz gibi, yetenek arayışında olan kişi halihazırda bildiklerinizden çok, ne kadar çok şey öğrenebileceğinizle ilgilenir; personel müdürü halihazırda yaptıklarınızdan çok, ileride kim olabileceğinizle ilgilenir. Küçük bir iPod satın almak da benzer şekilde kişinin kapasitesini artırma vaadinde bulunur; bu tür makinelerin hepsi, alıcının kendini makinenin ayrılmaz bir parçası olan yüksek kapasite ile özdeşleştirmesinden yararlanır. Makine dev bir

12. Frances Yates, *Theater of the World*, Chicago UP, Chicago, 1969.
13. Michael Bull, *Sounding Out the City: Personal Stereos and the Management of Everyday Life*, Berg, Oxford, 2000.

proteze döner. Eğer iPod güçlü ise fakat kullanıcı bu güce hükmedemiyorsa, makine sırf bu yüzden büyük bir çekiciliğe sahiptir. iPod'umu bana satan kişinin hiç utanç duymadan söylediği gibi, "Üst sınır yok." Evet, ben de bir tane aldım.

Soyut bir dille ifade edersek, güç pratikten ayrıldığında arzu hareketlilik kazanır; basit bir şekilde ifade edersek, isteklerinizi yapabildiklerinizle sınırlandırmazsınız. Bir bakıma, herhangi bir insanın satın alabileceğinden çok çok daha fazlasını tek bir çatı altında toplayan Wal-Mart da bu ayrılmaya örnek teşkil eder; nesnelerin oluşturduğu koca yığın, arzuyu harekete geçirir. Bu açıdan bakıldığında Wal-Mart ile XIX. yüzyıl sonlarında Paris'te ortaya çıkan çok katlı mağazalar arasında bir karşıtlık vardır. Bu ticaret merkezlerinde pazarlama, birbirine benzemeyen bir nesneler grubunu, her birinden bir ya da iki tane olmak üzere, tek bir dekor üzerinde sergilemeye dayanıyordu; örneğin bir İran kilimi üzerine pahalı bir şişe parfüm ve yanına da bir sos tenceresi koyulabiliyordu. Çok katlı mağazalarda tüccar sıradan olanı tuhaf hale getirerek alıcıyı uyarmayı amaçlarken, Wal-Mart'da alıcıyı uyaran nesnelerin düpedüz sayısı ve aşırılığıdır.

* * *

Özetleyecek olursak, tüketme tutkusunun iki biçimi vardır: İmaj yaratımına etkin katılım ve güç vasıtasıyla tahrik. İmaj pazarlama oyununa katılan tüketici, altın kaplamayı platformla, yani bir nesnenin gerçek değeriyle karıştırarak, oran duygusunu kaybedebilir. Gücün yüceltilmesi de risk yaratır; hem firmalar hem de bireyler açısından. Amerikan tröstleri ve tekelleri alanında Carnegie ve Rockefeller gibi mıknatıslar, Rockefeller olma girişimcilik fantezisini gerçekleştirmeye çalışan rakiplerden ziyade, küçük tedarikçilerin ve dağıtımcıların boyun eğmesini istedikleri için, piyasaların ele avuca sığmaz dinamizminin önünü kesmeye çalışmıştır. Bismarck'ın katı bürokrasiler yaratmak konusundaki kararlılığı da niyet açısından buna benzer: Eğer işçiler ve askerler içlerinde her türden bakir, sınırsız olanak bulunduğunu düşünürse, itaat etmeyi bırakabilir. Günümüzde, başı çeken şirketlerde, güç ideolojisi, yönetime, kurumun halihazırda elinde olanlardan daha büyük olanaklar sunabilir; bu hedefin peşinden koşan yönetim daha fazla merkezîleşip, buyurganlaşabilir, bunun sonucunda çalışanlar ya bekledikleri ödülleri alamaz ya da BBC'de olduğu gibi nasıl hayatta kalacaklarını bilemez hale gelirler.

Güç *ethos*'u, örneğin yatırımcılar şirkette tanımlanamayan bir büyüme olanağı gördüğünde, şirketleri tehlikeye açık hale getirebilir. Şirket birleşmeleri ve devralmaları tarihi, Sunbeam Corporation gibi firmalarla dolu bir çöplüğe dönmüştür. Küçük bir zengin yatırımcı grubu şirketin çok daha önemli bir firmaya dönüştürülebileceğine karar verene kadar Sunbeam sıradan ev aletleri üretiminde gayet başarılıydı; bu karşı konulmaz çekicilik şirketi neredeyse batırıyordu. Demek ki firma, gayet iyi işleyen şeyleri bir kenara atarak, tüketme tutkusuna boyun eğen tüketici gibi davranabilmektedir.

Ama tarif etmiş olduğum makineler –iPod'lar, SUV'ler, yazılım programlarıyla dolup taşan bilgisayarlar– tahayyüle yine de olumlu bir çağrı yapar. Wal-Mart gibi bir mega-mağaza da öyle. Püritenler şüphe içinde yaşar; bizse haz isteriz. Tarif ettiklerim, tüketicilerin nesnelerden *yarattığı* hazlardır, aklı başında bir faydacının şüphe ettiği ve kuşkusuz şüphe etmesi gereken dayatılmış hazdır. Ve "üst sınır yok" deklarasyonu siyasi sebeplerle savunulabilir: Gündelik yaşamın rutinleri ve sınırları ötesinde bir şeyler düşlemek insanları özgürleştirebilir. Aynı şekilde, bu mükemmel sonuç veren idare yollarını harcayıp tükettiklerini hissetmek de insanları özgürleştirebilir. Peki, doğrudan bildikleri, kullandıkları ya da gereksinim duydukları şeyleri manen aştıklarında da özgürleşmezler mi? Tüketme tutkusu belki de özgürlüğün bir diğer adıdır.

En azından, benim incelemek istediğim önerme bu.

İlerlemede başı çeken iki araştırma laboratuarını ziyaret ettiğim sırada bu bağlantıyı dolaylı olarak düşünmeye başladım. Bu iki firma, Silikon Vadisi'ndeki Xerox Park ve MIT'deki Media Lab idi. Her ikisi de, püriten faydanın yenilik ruhunu kısıtladığı fikri üzerine inşa edilmişti, her ikisi de, mekanik araştırma modellerine bağlı kalmaktansa belirsiz bilimsel olasılıklarla oynuyordu ve her ikisi de, kazaen ya da şans eseri, son derece başarılı, kullanışlı sonuçlar üretiyordu. Xerox Park bilgisayar ekranı ikonunu, Media Lab ise yığınla yazılım programını tesadüf eseri bulmuştu. Yaptıkları bilimsel işleri pek anlamasam da, her nasılsa demokratik oluşları beni etkiledi.

Hannah Arendt'in demokratik süreç üzerine yazılarında ileri sürdüğü görüş bu izlenimi güçlendirdi.[14] Arendt'e göre "policy wonk,"* o güç teknisyeni, yurttaşın düşmanıdır. Hakikaten demokratik bir forumda her yurttaş, uzman olsun olmasın, sesli düşünme ve başkalarıyla tartışma hakkına sahip olmalıdır. Fayda ve elverişlilik ölçütü de fazla etkili olmamalıdır: Bu ölçüt ne olabileceğinden çok, ne olduğunu vurgular. Arendt, Media Lab'daki deneycilik ruhuna benzer bir tutumla, siyasi tahayyüle hareket serbestliği vermek ister.

Dahası, Arendt kendi geliştirdiği bir tüketme duygusu yorumunu benimser: Yurttaşlar yasaları yapar, onlarla yaşar, onları kullanır ve sonra da, eski yasa mekanik açıdan hâlâ uygulanabilir olsa bile, yeni bir şey dünyaya getirir. Arendt'in uslamlaması gayet açıktır: Hukukçuların emsal karar konusundaki ısrarına nişan alır, içtihatlar hukukunun ezici ağırlığıyla mücadele eder, yeniliğe daha fazla yer veren, örf ve âdete dayalı tuhaf bir hukuk görüşünü benimser. Po-

14. Karş. Hannah Arendt, *İnsanlık Durumu*, çev.: Bahadır Sina Şener, İletişim Yayınevi, 1994 içinde "bir demokrasi modeli olarak agora"nın ele alındığı kısımlar.
* policy wonk (ing.): uygulanan ya da uygulanması olası politikaları ve programları en ince ayrıntısına kadar inceleyen, bilen, bu konuda uzman olan kişiye verilen ad. (ç.n.)

tansiyelin abartılması Arendt'in kolektif irade üzerine yazdığı geç dönem yazılarında ortaya çıkar; Arthur Schopenhauer gibi Arendt de, irade gücünün, şeylerin gündelik yaşamdaki temsillerinin ve transkripsiyonlarının ötesinde yatan kaynakları kullandığına inanma noktasına gelmiştir.[15]

Bu görüşler, geçmişe dönerek, Jefferson'ın demokratik idealine –bu idealde yurttaşlar, her iki kuşakta bir, geçmişin ezici ağırlığı karşısında isyan eder– ve geleceğe yönelerek toplum felsefecisi Ulrich Beck'inki gibi –"risk toplumu" insanları sonucun ne olacağını bilmese de şansını denemek ister– vizyonlara başvurur.[16]

Pratikte, elbette, katı gerçeklerden kurtulan bir siyasi figür ancak bir oportünist olabilir. Fakat siyasi gerçeklik kiniği çoğu zaman geride bırakır. Martin Luther King'in, adalet arayışının doruk noktasında yaptığı "Bir Hayalim Var" konuşmasıyla gerçekleştirdiği o çok önemli protestoyla güç kazanan Amerika siyah yurttaş hakları hareketinde durum buydu. Basındaki ve hükümetteki gerçekçilerin alaya aldığı Luther, bir dinleyici kitlesini eyleme geçirdi. Kullandığı dil, kişisel potansiyel retoriğini ve geçmişin, ırk ayrımına yönelik rutinleşmiş alışkanlıkların terk edilmesi retoriğini etkili biçimde kullanıyordu. King, en mükemmel Arendt'çiydi. Adalet aramanın, el altından bir dizi politika üretmekten daha önemli olduğunu, yeni bir sayfa gerektirdiğini düşünüyordu.

Sahiplenmeye çok az hasret duyan, değişime böylesine alışmış bizimki gibi bir kültürün ilerleme olasılığını güçlendirmesini bekleyebiliriz. Bu en iyi durum senaryosunda sahiplik süresi, emek sürecinde olduğu gibi, kısalacaktır. Siyasal kamu, yatırım sürecinde olduğu gibi, küresel boyuta ulaşacaktır. Aslında, ilerlemede başı çeken bazı işletmelerin yöneticileriyle geçtiğimiz on yıl içinde yaptığım görüşmelerde yeni ekonomik durumun ilerici bir siyaset üretebileceğine neredeyse ikna olduğum anlar oldu. Bunlar teknolojiden servet kazanmış genç ticaret erbabıydı ve artık elde ettikleri kârları

15. Hannah Arendt, *Willing*, Harcourt Brace Jovanovich, New York, 1978.
16. Ulrich Beck, *Risk Society*, Sage Publications, Londra, 1992.

sivil topluma, özellikle çevre sorunlarıyla mücadeleye ve işyerlerinde uygulanacak yeniden eğitim projelerine yatırıyorlardı. İş dünyasındaki yeni benlik idealinin güçlenmiş yurttaş için bir model olduğuna inanıyorlardı; toplumsal kapitalizmde tahayyül edilen, itaatkar değil de proaktif olan yurttaş içinse bu model geçerli değildi.

Ama daha sonra hayallerinin temelsiz olduğunu düşünmeye başladım. Yeni kurumların niçin ilerici bir siyaset yaratmayacağını açıklamak için tüketim ve politikada ortak olan bir şeye odaklanmak istiyorum: Tiyatro.

Tüketim alanı teatraldir, çünkü satıcı, tıpkı bir oyun yazarı gibi, tüketicinin satın alması için, inanmayışın gönüllü olarak askıya alınmasını sağlamalıdır. Satılan malların büyüklüğünün ve çokluğunun seyirci-tüketicinin eşyanın kendisine dair anlayışını değiştirmesi açısından baktığımızda, bildiğimiz Wal-Mart bile bir tiyatrodur. Günümüzde tüketme tutkusu dramatik bir güce sahiptir: Seyirci-tüketici için sahiplenici kullanım, henüz sahip olmadığı şeylere duyduğu arzu kadar tahrik edici değildir; potansiyelin abartılması, seyirci-tüketicinin tüm özelliklerini kullanamayacağı şeyleri arzulamasına neden olur.

Siyaset de eşit derecede teatraldir ve özellikle ilerici siyaset, belli türden bir retorik ister. Yurttaşların kendi birikmiş deneyimlerine inanmayışının gönüllü olarak askıya alınmasını etkili şekilde kullanır. Bunun olumlu yanlarını vurgulamaya çalıştım. Fakat tüketim mallarının pazarlanmasında olduğu gibi, siyasetin pazarlanması da çok daha olumsuz bir yön alabiliyor. İlerici değişim umudunda eksik olan, modern toplumda illüzyonun son derece *kuvvetten düşürücü* rolüne dair bir anlayış. Burada amacım bir paradoksu, insanların kendi edilgenliğine etkin şekilde katılabileceğini ortaya koymak.

Tüketici-seyirci-yurttaşın nasıl ilerici siyasetten uzaklaşıp bu daha edilgen duruma yöneldiğini ele alacağım. Beş maddeden oluşan bu liste hiç de geniş kapsamlı değil; ama her unsurun kaynağı, doğrudan doğruya, bu sayfalarda betimlenen yeni kapitalizm kültüründe yatıyor. Okura yol göstermek açısından bu beş maddeyi sıralayalım: Tüketici-seyirci-yurttaşa (1) ürün platformlarına benzer siyaset platformları ve (2) altınla kaplanmış farklar sunulur; ondan (3) "insanın eğri büğrü bir odundan yapılmış olduğunu" (Immanuel Kant bizi böyle adlandırır) hesaba katmaması ve (4) daha kullanıcı dostu politikalara itibar etmesi, (5) satışa sunulan yeni siyasi ürünleri sürekli olarak kabul etmesi istenir.

Siyaset platformu: Volkswagen platformu ortak bir şasedir; bu şaselerdeki küçük maddi farklar değer açısından şişirilerek markalar yaratılır. Modern siyasetin de, çoğunlukla konsensüs siyaseti adını verdiğimiz, benzer bir biçimi vardır. Örneğin günümüzde Britanya'da Yeni İşçi Partisi ve modern Muhafazakâr Parti hemen hemen standart bir platformu paylaşmaktadır: işletme dostu, toplumsal açıdan içerici, göçmenler konusunda ikircikli. Platform siyaset ABD'de XX. yüzyılın ikinci yarısının büyük kısmında, ikinci George Bush dönemine kadar, bu şekilde işledi. Cumhuriyetçi Parti ile Demokrat Parti birbirinden çok farklı görünüyor ama göreve geldiğinde neredeyse aynı davranıyordu; Güya aşırı sağcı olan Başkan Ronald Reagan merkezi hükümetin bürokrasisini genişletti, Keynes zamanındaki büyüklükte eksiklikler üretti ve Sovyet imparatorluğuyla ilişkilerdeki gerginliği azaltma politikalarını başarıyla sürdürdü. Başkan Bill Clinton ise iş dünyasını besledi, asgari ücretin yükseltilmesine direndi ve küçük çapta fakat güçlü bir savaş verdi. On yıllar boyunca iş başındaki Arendt'çiler, ırk ayrımı, kürtaj, suç, iskân ve şirketlerin hesap verebilirliği konularında verdikleri hükümlerle bir tek mahkemeler oldu; günümüzde, mahkemeleri dönüştürmek, ikinci Bush rejiminin de hedefi olmayı sürdürüyor.[17]

Basit bir etiket olan konsensüs siyaseti, siyaseti ortak bir zemine iten kuvvetleri açıklamıyor. Günümüzde Avrupalı siyaset bilimciler, ABD ve Birleşik Krallık'ı neoliberal rejimler olarak adlandırarak, her iki ülkede de ılımlı bir siyaset platformunun ekonomik gelişmeyi küreselleşmeye, esnekliğe ve meritokrasiye uygun hale getirdiğine işaret ediyor. Ama bu kuvvetler hiç de Anglo-Amerikan

17. Sennet, *The Guardian*, 20 Mart 2001.

çevreye özgü değil. Toplumsal kapitalizmin sınırları ötesine geçen diğer toplumlardaki mantıki bir ilerlemeyi temsil ediyorlar.

Bu platformda tek en önemli ortak unsur devletin rolü. Zayıflamak bir yana, devlet hâlâ kuvvetle yön veriyor. Merkez, kaynakların devredilmiş kurumlara zerk edilişini denetliyor ve performansı izliyor. Weberci anlamda liderlik etmiyor: İktidar ile otorite birbirinden ayrılıyor. İş dünyasında olduğu gibi siyasette de bürokrasiler bir yandan yurttaşlarının sorumluluğunu almayı reddederken bir yandan da iktidarı artan bir şekilde merkezîleştiriyor. İktidar ile otorite arasındaki bir ayrılma –birinci bölümde iş dünyasına özgü bir fenomen olarak analiz edilmiştir– siyasi açıdan hiçbir suretle ilerici değil.

Burada *ilerici* derken şunu kastediyorum: İyi bir politika, tüm yurttaşların ortak bir projede birleştiklerine inandığı bir politikadır. Toplumsal kapitalizm bu ortak projeyi askeri modele dayalı kentsel kurumlar vasıtasıyla yarattı; toplumsal kapitalizmin kusuru, dayanışmanın oluşturduğu demir kafesti. Yeni kurumsal düzen, kendi aldırmazlığını çevredeki bireyler ya da grupların özgürlüğü olarak etiketleyerek, sorumluluktan sıyrılıyor; yeni kapitalizmden türeyen siyasetin kusuru aldırmazlık.

Altın kaplama: Devlet bu yeni platformu benimserken, rakip siyasi partilerin retorikleri farklılıkları vurgulamak zorundadır. Aslında, gerçeklik olarak yalnızca platform üzerine yoğunlaşarak, siyasal yaşamın edinilmiş deneyimlerini gözden kaçırırız: Seçmenleri ve medyayı gerçekten tahrik eden şey, farklılıklardır. Altın kaplama bu tahrikin nasıl meydana geldiğini açıklar. En basit siyasi altın kaplama biçimi, simge enflasyonudur. Britanya'da, köpeklerle tilki avı yapılmasına izin verilip verilmeyeceği konusunda siyasi partiler karşıt fikirleri tutkuyla savunuyorlardı; Birleşik Krallık Yüksek Mahkemesi'nin kurulması konusunda on sekiz saat tartışılmışken, kısa süre önce bu meseleye yaklaşık yedi yüz saat parlamento mesaisi harcandı. Simgesel ıvır zıvır enflasyonunun yeni bir tarafı yok; yeni olan, ürün reklamı ile siyasi davranış arasındaki uyum. Siyasi kişiliklerin pazarlanması gittikçe sabun pazarlamaya benzer hale geliyor; reklamcılar küçük farkların üzerine kaplanan altının halkın dikkatini çekmesini umuyor.

Tüketici davranışıyla siyasi davranış arasındaki bu köprüye öylesine aşinayız ki, sonuçları gözden kaçırıyoruz: Basının ve halkın siyasetçilerin bireysel karakter özelliklerine duyduğu takıntılı ve sonu gelmez ilgi, konsensüs platformunun gerçekliğini maskeliyor. Modern siyasi performanslarda, kişiliğin pazarlanması, siyasetçinin tarihçesinin ve görev geçmişinin bir anlatısını sık sık ve artan bir şekilde dışarıda bırakıyor; çünkü çok sıkıcı. Siyasetçi, niyetleri, arzuları, değerleri, inançları, beğenileri kendinde cisimleştiriyor – bu vurgu da yine iktidarı sorumluluktan ayırma etkisine sahip.

Modern siyasette belki de en ciddi altın kaplama biçimi olguyu yeniden bağlamsallaştırmaktır. Üst model otomobil reklamları, bu bölümün başlarında gördüğümüz ve Volkswagen reklamlarında olduğu gibi, platform haline getirilmiş bir üründen bir marka yaratır. Siyasette, göçle ilgili olgular yeniden bağlamsallaştırılıp sonra da aynen bu otomobil gibi pazarlanabilir. Britanya gibi Almanya'da da göçmenler vergi ödeyen, Britanyalıların ve Almanların uzak durduğu hastane temizleme, sokak süpürme işlerini yapan işçilerdir; bu insanların varlığından siyasi sermaye edinmek için, bu zorunlu yabancılar, üretken olmayan sığınmacılarla aynı kültür kutusuna girecek şekilde yeniden ambalajlanır. ABD'de göçmenler başka bir şekilde markalaştırılabilmektedir. Göçmen işçiler, özellikle Meksikalı olanlar, zımnen kabul edilirler çünkü, yine, Amerikan tarım ve hizmet ekonomisinin büyük bölümü için gereklidirler. Siyaset gurusu Samuel Huntington'ın yakın tarihli etkili kitabı *Who Are We?*'de [Biz Kimiz] yaptığı gibi kültürel olarak yeniden ambalajlandıklarında, siyasi markalar haline gelirler.[18] Meksikalılar korkunç bir şekil alarak, sadakat açısından memleketi ile dışarısı arasında bölünmüş, Amerika'nın Protestan kent kültürüne dirençli, aşağıdan gelen sinsi

18. Samuel Huntington, *Biz Kimiz? Amerika'nın Ulusal Kimlik Arayışı*, çev.: Aytül Özer, CSA Yayın Ajansı, 2004

sömürgeciler olarak belirirler. Britanya tilkileri gibi, Meksika kökenli Amerikalılar, üzüm toplama ve sokakları süpürme etkinliklerinin gerektirdiğinden daha önemli hale getirilir.

Avrupa ve Kuzey Amerika yüzyıllardır Yabancı'yı düşük ahlaklı, korkutucu bir varlık olarak etiketliyor ve Yabancı, günümüzde, geçmişte olduğu gibi, insanların her türden kaygıyı yansıtabileceği simgesel bir alan haline geldi. Müzmin katışıksız önyargıya ve siyasette puan kazanmaya ek olarak bugün kısa vadeli, istikrarsız bürokrasi deneyimi de göçmen markasını şekillendiriyor. Emek alanında, Yabancı, işini kaybetme ya da işe yaramama kaygılarının odağı oluyor. Daha önce gördüğümüz gibi bu kaygılar yabancılar gerçekten dışarıda, Hindistan'daki bir çağrı merkezinde ya da yazılım firmasında olduğunda mantıklı; göçmen bir sokak çöpçüsüne yansıtıldığında ise mantık dışı. Ya da daha ziyade, yaratıcı bir anlama sahip: Kontrolü kaybetme korkusunun artık yakın bir hedefi var. Ve bu sapkın imgelem çalışmasında, bu komşu ve zayıf yabancılara zulmetmenin, kişinin kendi işini garanti altına almasını sağlama konusunda pek az işe yaradığı kayda girmiyor.

Platform ve marka siyasette birleşerek, ilerici bir değişim arzusundan başka bir şey –Freud'un başlangıçta "küçük farklar narsizmi" dediği şeye benzer bir siyasi iklim– üretiyor. Reklamcılıkta olduğu gibi siyasette de markalaşma, gerçekçi, Skoda-eğilimli muhakemenin kaybedilmesine neden olabiliyor ve önyargıya bilhassa modern bir kapı açıyor.

Yeni düzenin siyasi açıdan ilerici olmayışının üçüncü nedeni tüketicinin "ne olursa olsun, yetmez" kanısında yatıyor. Böyle bir kanı ekonomi alanında da işliyor; örneğin, daha önce gördüğümüz gibi, kârlı bir şirket büyüsün diye yeniden örgütlendiğinde. Oysa sadece kârlı olmak yetmiyor. Benzer bir mevcut gerçekliği askıya alma şekli, yetenek arayışında, sınavı hazırlayanın dikkati fiilî başarıdan farazî kapasiteye kaydığında meydana geliyor. Tüketimde de aynı şey geçerli: Amerikan banliyölerini dolduran benzin-içen canavar SUV'ler hayali bir özgürlüğe adanmış makinelerdir; trafikte sıkışıp kalsa bile kişi artık bir çölü ya da Kuzey Kutbu'nu arabasıyla geçme potansiyeline sahiptir.

Mevcut gerçekliğe tahammülsüzlük ilerici olmalı. Fakat siyasetçilerin başı çeken kurumlardan aldığı ders genellikle negatiftir. Bunun nedeni, gündelik deneyim alanının –edinilmekte olan deneyimin çatısını oluşturan küçük, üst üste eklenen kayıp ve kazançların– küçümsenmesidir. Örneğin, 1990'larda, liberal-eğilimli bir Amerikan hükümeti sağlık hizmetlerini doktorla kurulan uzun vadeli ilişki değil de bir dizi işlem olarak ele alan yeni modeli izleyerek sağlık hizmetleri sisteminde reform yapmaya çalıştı. Reform, hastaların ve doktorların formları doldururken edindiği yoğun gündelik deneyimi göz ardı etti; internette yapılan iyi planlanmış aramaların, zaman alan yüz yüze teşhis ve tedavi etkinliğinin yerini tutabileceğini zannetti. Reformcular hasta olmanın beraberinde getirdiği can sıkıcı gerçeklikler konusunda tahammülsüzdü; bu insanlar hasta değil de girişimciymiş gibi davrandılar.

"İnsanın eğri büğrü bir odundan yapılmış olmasına" tahammülsüzlüğün elbette uzun bir geçmişi var; hatta o kadar uzun ki, politika saptayanlar bundan ders almış olmalıydı: Politika, tabandan yukarı doğru gelişmelidir. Oysa yeni kurumsal düşünüşün etkisi altındaki siyaset ve iş dünyası bunu yapmaya yanaşmaz. Edmund Burke, Kant ve Fransız Devrimi'ni gözlemleyen başkaları, devrimcilerin gündelik yaşamın gerçekliklerini izleyip onlara saldırmasını ve eğri büğrü odunu düzeltmeye çalışmasını dehşet içinde seyretmiştir; modern reformcular ise ilgisizdir; tabanı ihmal ederler çünkü gündelik yaşam geçici görünür.

Dördüncü endişem ise şu: Yurttaşlar modern tüketiciler gibi davrandığında zanaatçı gibi düşünmeyi bırakırlar. Bu endişe politika saptayıcıların dikkatsizliğini tamamlar; fakat daha inceden inceye; tüketici olarak yurttaş, siyasi meseleler anlaşılması güç ya da anlaşılmaz hale geldiğinde, ilgisini kesebilir. Medyayla ilgili alışılmış şikayet, ruhsuz kıymetli politika ustasının televizyonda insanlara sıkıcı geldiği ve ışıldayan şahsiyetin oy kazandığıdır. Oysa mesele dikkatin nasıl örgütlendiği olmalıdır.

Emek söz konusu olduğunda, iyi zanaatçı, bir mekanik teknisyeninden daha fazlasıdır. Bir tahta parçasının ya da bilgisayar kodunun neden işe yaramadığını anlamak ister; sorun ilgi çekici hale gelir ve böylelikle nesnel bağlanma üretir. Bu ideal, müzik aletleri yapımı gibi geleneksel bir zanaatta da, bilim laboratuarı gibi daha modern bir ortamda da ve aslında, iyi yönetilen bir işletmede de eşit derecede hayat bulur: Sorunlardan kaçmak değil, sorunlarla ilgilenmek istersiniz. Fakat tüketim söz konusu olduğunda, Zukin'in savunduğu gibi, yani zanaatçı gibi düşünmek güçtür. Bir şeyi kullanıcı dostu olduğu için satın alırsınız; bu genellikle şu anlama gelir: Kullanıcı, aldığı şeyin, ister araba ister bilgisayar olsun, nasıl çalıştığıyla ilgili kafa yormak zorunda değildir. Bilgisayar gurusu John Seely Brown, yapan ile tüketen arasındaki bu ayrımı, modern elektronik aletlerle ilgili ticari güçlüğün "teknolojiyi engel teşkil etmez hale getirmek" olduğunu ileri sürerek gösterir; yeni makineler hem teknik açıdan ilgi çekici olmalı, hem de kullanımı yanmaz yapışmaz teflon kadar kolay olmalıdır.

Elbette hiç kimse güne bilgisayarını yeniden programlayarak başlamak istemez. Fakat kullanıcı dostu kavramı demokrasiyi keşmekeşe çevirir. Demokrasi, yurttaşların etraflarındaki dünyanın nasıl işlediğini anlamak için bir miktar çaba harcamaya istekli olmasını gerektirir. Örneğin, Irak'ta devam etmekte olan savaşı destekleyen Amerikalılardan çok azı Irak hakkında bir şeyler öğrenmeyi istedi (aslında bu insanların çoğu haritada Irak'ın yerini bulamadı). Siyasi spektrumun diğer yanında, kök hücre araştırmasını destekleyenlerden çok azının bu araştırmaya karşı çıkan Katolik teologların öne sürdüğü argümanları merak etmesi de eşit derecede çarpıcı. Zanaatçı olarak yurttaş her iki durumda da öğrenmek için çaba sarf ederdi; demokrasi tüketimi örnek aldığında, kullanıcı dostu hale geldiğinde, bu bilme isteği yok olur.

Söylemek istediğim şey insanların tembel olduğu değil, ekonominin yurttaşların zanaatçı gibi düşünmesini güçleştiren bir siyasi iklim yarattığı. Esnek emek etrafında örgütlenmiş kurumlarda bir şeyle derinlemesine meşgul olmak, işçinin içe doğru büyümüş ya da dar bir alana odaklanmış görünmesine neden olabilir. Yine, yeteneğin sınanması söz konusu olduğunda, bir soruya fazla titiz yaklaşan biri, sınavı geçemeyecektir. Teknolojinin kendisi artık angaje olmaya karşı işlemektedir.

Daha önce de belirttiğim gibi iPod kullanıcısını, tam da gereğinden fazla kapasitesiyle işlemez hale getirir; modern teknolojinin ürettiği aşırı miktarda enformasyonun alıcılarını pasifleştirme tehdidi daha kapsamlıdır. Aşırı yükleme, ilginin kesilmesine yol açar. Bu açıdan bakıldığında Seeley Brown enformasyon ile iletişim arasında faydalı bir ayrım yapar. Enformasyonun boğucu miktarda olması "masum" bir sorun değildir, der; büyük miktarlarda ham veri siyasi bir gerçek yaratır: Hacim arttıkça denetim merkezileşir.[19] İletişim söz konusu olduğunda ise enformasyonun hacmi insanlar birbiriyle etkileşime girdikçe ve yorum yaptıkça azalır; düzeltme ve eleme, iletişimi merkezsizleştiren süreçlerdir.

Bu durum sezgilere aykırı görünebilse de, iletişime bürokrasi açısından bakıldığında, mantıklıdır. Birinci bölümde görüldüğü gibi, bürokratik piramitte, tepeden gelen enformasyon emir komuta zincirinde aşağı doğru inerken filtrelenir, düzeltilir ve tikelleştirilir; insanlar enformasyon hakkında birbiriyle konuşur. MP3 tarzı kurumlarda büyük veri gövdeleri merkezileştirilir, düzenlenir ve katışıksız şekilde yayılır. Enformasyon ekranda e-posta ya da sayısal veri olarak el değmemiş halde kalır. Bu enformasyonun hacmi arttıkça –bir önceki kuşakta olduğu gibi– alıcı enformasyona daha az tepki verebilir, hatta enformasyonu yorumlamayı bırakabilir. Dahası, yazılı mesaj alışverişi sohbete çok az benzer; dili daha ilkeldir ve kuşku ya da itiraz anlamına gelen sessizlikler, ironik jestler, konudan anlık sapmalar –karşılıklı iletişime dair tüm davranışlar– tekno-

19. Seeley Brown, *The Social Life of Information*, Harvard Business School Press, Boston, 2000.

lojide elimine edilir. İnsafsızca kurumsallaştırıldığında teknoloji iletişim zanaatını işlemez hale getirir.

Modern siyaset ekonomisinin ilerici siyasete eğilimli olmayışının son bir nedeni güvenle ilgili. Güçlü ampirik kanıtlar günümüzde insanların siyasete ve siyasetçilere güvenini kaybettiği klişesini destekliyor. Pek çok siyasetçi ise kinikliğinden ötürü halkı suçluyor. Bu karşıtlığın altında siyasetçilerin *nasıl* güven kazandığı sorusu yatıyor; ben, başı çeken işyerlerindeki yöneticiler gibi davranarak güven kazanamayacaklarını iddia etmek istiyorum.

Bunu açıklamak adına İşçi Partisi'yle ilgili olarak kendi başımdan geçenleri araya sıkıştırmama okurun hoşgörü göstermesini rica edeceğim. Britanya'ya 1997 yılında, tam da İşçi Partisi iktidara geldiğinde taşındım. Önceki bütün bir kuşak boyunca İşçi Partisi sosyalist geçmişinden kurtulma mücadelesi vermişti; Yeni İşçi Partisi, ileri teknoloji ya da ileri hizmet alanındaki iş kollarının başarısından feyz almak ve onları örnek almak istedi. İşçi liderlerinin, akademisyenlerin ve işadamlarının oluşturduğu gevşek bir örgüt olan American Council on Work'teki başkanlığımın süresi henüz bitmiş olduğundan, işçi-işveren ilişkileri politikasının oluşturulması sürecine gayri resmi olarak dahil oldum.

İktidara gelen Yeni İşçi Partisi reform politikaları üretmeye başladı. İşle ilgili ilk politikalar iyiydi: meslek eğitimi ve danışmanlığı, sanayi güvenliği, iş-aile meseleleri; hepsi de doğrudan ele alınıyordu. Ne var ki, her geçen yıl daha çok politika; diğer bir deyişle, İşçi Partisi'ne miras kalan keşmekeşi düzene sokan önceki politikaları düzene sokan farklı politikalar ortaya çıktı. Yeni politikalar gelmeye devam ettikçe halkın güveni erozyona uğradı. Hükümet konseyleri içinde, durmadan yeni politikalar üretilmesi, daha önce benimsenen hareket tarzlarından bir ders çıkarma çabası olarak görülüyordu; halka göre ise bu, politika fabrikası hükümetin herhangi bir hareket tarzına bağlılık duymadığını gösteriyordu. Asgari ücret konulu bir toplantıda bir sendika görevlisi bana üzüntülü bir ifadeyle sordu: "Geçen yılki politikaya ne oldu?" Aynı politika kusma süreci, eğitim ve sağlık hizmetlerinde de yaşandı ve yine göz bağını çözen bir etkisi oldu. Başbakan Irak'ta savaşa girme konusunda halkın isteğine aykırı hareket etmeden önce bile anketler İşçi Partisi'nin ciddi bir güven sorunu olduğunu gösteriyordu.

İroniktir, Yeni İşçi Partisi'nin politikaları arasında, partinin birinci sekiz yıllık iktidarı boyunca halkın güvenini kazanmaya devam ettiği yegane alan, fikirleri daha az verimli fakat daha istikrarlı olan Hazine'nin öngördüğü ekonomi politikasıydı. Bu ironik bir durum, çünkü reform imalatında devlet bakanlarının ileri işletme pratikleri olarak gördüğü şey neredeyse birebir örnek alınmıştı. Birinci bölümde görüldüğü gibi bu pratikler, psikanalist Margaret Mahler'in bir seferinde "ontolojik güvensizlik" diye adlandırdığı türden bir kaygıyı besler. Bu etiket jargonun bir parçası değil; Mahler, uzakta bir felaket işareti yokken bile olacaklardan duyulan korkuyu tarif etmeyi amaçlıyor. Bu kaygı türüne, kişinin belirli bir durumda korkacak hiçbir şeyi yokken endişe etmeyi sürdürmesine atfen, yüzergezer de deniyor.

Bütün olarak bakıldığında politikaları işliyor olduğu halde İşçi Partisi bu yüzergezer kaygıyı davet etti; David Walker ve Polly Toynbee bunu epeyce ayrıntılı bir şekilde belgeledi; iktidarda olduğu ilk sekiz yıl süresince Yeni İşçi Partisi çoğu Britanyalının yaşam koşullarını istikrarlı bir şekilde iyileştirmişti.[20] Fakat yine kamuoyu yoklamaları gösteriyordu ki halkın çoğunluğuna göre bu gerçek iyileştirmeler güven verici değildi. Özenle yeniden eğitilmekte olan bir grup genç işsiz işçi, Britanya'da çalışan bir yabancı olan bana söylenecek söz bırakmadı. ABD'de bununla kıyaslanabilecek bir şey yoktu. Bu genç insanlar aldıkları mükemmel sağlık hizmeti ile bunu mümkün kılan hükümet arasında bağlantı kuramıyordu; çoğu, İşçi Partisi'nin onları hayal kırıklığına uğrattığını söyledi.

Yeni İşçi Partisi yönetimindeki Britanya'nın özel bir örnek olduğunun gayet iyi farkındayım. Çoğu ülke bu türden bir hoşnutsuzluk

20. Polly Toynbee ve David Wlaker, *Better or Worse? Has Labour Delivered?*, Bloomsbury, Londra, 2005.

için yalvarırdı. Bu örneği vermemin tek nedeni, Britanya devletinin gerçekten ilerici bir model olması. Ama ilerlemenin hakkını teslim eden sigortalıların sayısı yine de giderek azalıyor. Birlikte çalıştığım siyasetçiler bu tür tepkilerin "iyilikbilmezlik" olduğunu söylüyor; medyadaki eleştirmenler bu tepkilerin Yeni İşçi Partisi'ndeki siyasetçilerin kişiliklerinden kaynaklandığı değerlendirmesini yapıyor, bu insanların "erişilmez" olduğunu söylüyor. Siyasetçilerin karşılaştığı sorunlar tüketim kavramı üzerinden yorumlandığında konu daha anlaşılır hale gelir. Politikaları, hayata geçtiğinde değeri kalmayan şeylermiş gibi bir kenara atan Yeni İşçi Partisi bir politika tüketicisi gibi davranmış, bu tüketme tutkusu hükümete duyulan güveni sarsmıştır: Halk, politika saptayıcının önce ileri sürüp sonra geri çektiği politikaya inanmış mıydı, bilemez olmuştur.

İş dünyasında olduğu gibi hükümet politikasında da böyle bir tüketim zihniyeti yeni kurumların çerçevesine uygundur. Siyasette de, iş dünyasında da, *süreç* konusunda kısa vadeli düşünme hakimdir; daha yavaş, daha sürekli büyüme biçimlerinden ise şüphe edilir. İş dünyasının kurumlarındaki ani politika yalpalamaları ontolojik güvensizlik ve yüzergezer kaygı üretir; kamu politikalarında da durum farklı değildir. İnsanlar siyasetçilerin dümeni elinde tutmadığı ya da bağlılıktan yoksun oldukları çıkarımını yaparak ekonomideki değişimle ilgili rahatsızlıklarını ve kuşkularını gayet mantıklı bir şekilde siyasi alana taşırlar. Bilhassa ilerici siyasetçiler tüketici gibi düşünüp davrandıklarında kendi kendilerini tahrip edebilir yahut Britanya'da devam etmekte olan takdire değer politika reformlarına bile eşlik eden acı hoşnutsuzluğu üretebilirler.

* * *

O halde işte size her yönüyle değerlendirildiğinde yeni kurumsal modelin, liderlerinin niyeti iyi bile olsa, ilerici siyaseti teşvik etmemesinin beş nedeni. Siyaset bilimi, iktidar ile otorite arasındaki bölünmeyi bu beş nedenden en önemlisi olarak tanımlayacaktır. Bence, yeni kurumsal yaşamın kültürü de eşit derecede önemli bir rol oynuyor gibi görünüyor. Tıpkı meritokrasideki yetenek kavramı ve başkalarına uzun süreli bağımlılıktan açıkça sakınan idealleştirilmiş benlik gibi, tüketme tutkusu da bu kültüre uygundur. Bunlar kolektif ilerlemeyi değil, kişisel değişimi öven kültürel formlardır. Yeni kapitalizmin kültürü tek tek olaylara, bir seferlik işlemlere, müdahalelere ayarlıdır; oysa ilerlemek için, bir politikanın süregiden ilişkileri geliştirmesi ve deneyim biriktirmesi gerekir. Kısacası, yeni kültürün ilerici olmayan sürükleniş̧inin nedeni, yeni kültürün zamanı şekillendiriş biçimidir.

Bu yapacak hiçbir şey olmadığı anlamına mı geliyor?

IV

Zamanımızda toplumsal kapitalizm

Gençliğimin, yani elli yıl öncesinin Yeni Sol'unda pek çok aptalca şey vardı ama hareket, bir konuda, yaşından beklenmeyecek kadar öngörülüydü; Port Huron Bildirgesi devlet sosyalizminin içten çökebileceğini önceden gördü. Sosyalizm bürokrasinin ağırlığı altında boğulacaktı. Kapitalizm devam edecekti; ve sorun da öyle.

Bu sayfalarda göstermeye çalıştığım gibi, büyük bürokrasi insanları hem birleştirip hem de ezebilir. Ordularda bu uzun süredir böyle; Max Weber toplumsal içerme ve otoriteye itaat sağlamak amacındaki ekonomik kurumların ve sivil toplum kuruluşlarının orduların sosyal yapısını taklit edişine tanıklık etti. Bu askerileşmiş kapitalizmin sırrı, –insanlar kurum içinde bir yaşam anlatısı ve sosyal ilişkiler oluştursun diye yapılandırılan– zamanda yatıyordu. Bireylerin örgütlenmiş zaman için ödediği bedel, özgürlük ya da bireysellik olabiliyordu; "demir kafes" hem hapishane hem de evdi.

1923'den sonra Sovyet imparatorluğunda gelişmekte olan devlet sosyalizmi bu askeri-kapitalist mirası memnuniyetle kabul etti. Kapitalist düşmanın, bürokrasiden çok kârlarda ve piyasalarda yattığını düşündü. Düşmanı gibi imparatorluk da dayanışma ve tâbi kılma ihtiyacı duyuyordu; bürokrasi, sosyalizmin de hem hapishanesi hem evi olmuştu. 1960'larda Yeni Sol'un askeri-kapitalist-sosyalist devi hedef almış olması ironikti, çünkü bu bürokratik zaferle dolu bir on yıldı, Sovyet imparatorluğunun fabrikaları sonunda ekonomik açıdan Batı'daki kardeşleri kadar üretken hale geliyordu. Geriye baktığımızda, XX. yüzyılın ilk altmış yılı, savaş alanında kendini ve her şeyi tahrip eden fakat fabrikada ve devlet dairesinde büyük başarılar kazanan askeri makinenin çağı gibi görünüyor. ABD Başkanı Dwight Eisenhower'ın "askeri-endüstriyel" kompleksten bahsederken çizdiği tablo, silah üreticilerinden daha geniş bir kitleyi ilgilendiriyordu.

Yeni Sol, devin içten ölmesini umdu çünkü dev bir hapishaneydi. Çağdaş tarih bu dileği yerine getirmeye başladı, ne var ki, benim gençliğimdeki radikallerin istediğinin tam aksi yönünde. Geçtiğimiz otuz yıl içinde bürokrasi kendini küresel finansın, teknolojinin, medyanın ve ticaretin ekonomik açıdan ileri sektörlerinde yeniden örgütledi. Parlayıveren bu küresel büyüme pek çok fayda sağlamış olabilir; fakat daha kaliteli bir kurumsal yaşam bunlardan biri değil. Yeni kurumlar, görmüş olduğumuz gibi, ne daha küçük ne de daha demokratik; onun yerine, merkezileşmiş iktidar yeniden biçimlendirildi ve iktidar otoriteden ayrıldı. Kurumlar sadece zayıf bir sadakat doğuruyor, katılımı ve emirlerin dolayımını azaltıyor, düşük ölçülerde enformel güven ve işe yaramazlık konusunda yüksek düzeyde kaygı üretiyor. Kısaltılmış bir kurumsal zaman ilkesi bu toplumsal yozlaşmanın kalbinde yatıyor; başı çekenler, yüzeysel insan ilişkilerinden yararlandı. Aynı kısaltılmış zaman ilkesi, yaşamın seyrini stratejik olarak planlama çabasındaki bireylerin yolunu kaybetmesine neden oldu ve ertelenmiş doyuma dayanan o eski çalışma etiğinin disipliner gücünü azalttı.

Bu, olumsuzların sıralandığı bir liste. Bu kurumsal değişimlerin beraberinde getirdiği olumlular, kurumsal yaşam sığlaşırken bireylerin gelişmesine izin verebilecek benlik özellikleridir. Bu özellikler, bağımlılığın reddi, kişinin potansiyel yeteneğinin ve sahipleniciliği aşma kapasitesinin gelişmesidir. Bu özellikler bizi üretim alanının dışına çıkarıp, refah devletine, eğitim kurumlarına ve tüketime götürür. Çalışma yaşamıyla ilgili yeni reformlar, daha önce altını çizmeye çalıştığım gibi, dar kapsamlı; çoğu insan, Weber'in gayet iyi anlayabileceği koşullar altında çalışmaya devam ediyor. Fakat yeni değerlerin kapsamı geniş. Yeni düzenin getirdiği olumluluklar meritokrasi projesini gerçekleştirme ve ilerici reforma model olma vaadinde bulunuyor.

Yeni Sol'un büyüklük hapishanesi için önerdiği çare kültüreldi. Küçük gruplar içinde yüz yüze yapılan duygusal açıklamalar, daha insani bir düzen doğuracaktır; samimiyet dersleri toplumun bütününe verilecektir. Elbette bunlar genç bir insanın doğal ilgi alanlarıdır; ve elbette hep böyle devam edemez; yetişkinlik gelip çattığında, kişinin öznelliği, olsa olsa, daha kafa karıştırıcı hale gelir. Ve Yeni Sol'un Bismarck'tan ya da askerlik hizmetinden öğrenmiş olabileceği şey, güçlü toplumsal bağların tamamen kişiye bağlı olmayan koşullarda gelişebildiğidir.

Yine de, benim gençliğimdeki hayalperestlerin maddi yaşamı kültürel bir standarda bağlarken yanlış fikre kapıldığını düşünmüyorum. Okurun fark etmiş olabileceği gibi bu taze hayalperestlerden biri de bendim. Yetişkinin "duygusal eğitim"inin normal seyri, gerçekte sürdürüldüğü şekliyle yaşamın, kişinin hayalleriyle ne kadar az uyuşabileceğinin giderek daha fazla kabullenilmesine yol açar. İşçiler ve işleriyle ilgili etnografi beni bu yoldan uzak tuttu. Görüşme yaptığım insanlar, özellikle son on yıldır, fazlasıyla endişeli, huzursuz, değişim kalkanı altında kendi belirsiz yazgılarına çok az boyun eğmiş durumdalar. En çok gereksinim duydukları şey, zihinsel ve duygusal bir çapa; iş, ayrıcalık ve iktidardaki değişimlerin zahmete değer olup olmadığını tartan değerlere gereksinimleri var. Kısacası, bir kültüre ihtiyaçları var.

Kültürel bir çapa yaratabilecek üç kritik değeri –anlatı, işe yararlık ve zanaatçılık– değerlendirerek bu kitabı tamamlamak istiyorum.

A. ANLATI

Zaman çerçeveleri kısa ve dengesiz olan başı çeken kurumlar, insanları *anlatının ilerlediği* duygusundan mahrum bırakır. Anlatının ilerlemesi, en basit haliyle, hadiselerin zaman içinde birbiriyle birleşmesi, deneyimin birikmesidir. Bu anlatının birleşmesi duygusunu işyerinde yaratmaya yönelik son on yılda yapılmış üç yenilikçi girişim beni çok etkiledi.

Birincisi, Britanya'da ve ABD'de kısa vadeli, esnek örgütlerde eksik olan süreklilik ve sürdürülebilirliği işçilere sağlamayı amaçlayan "paralel kurumlar"ın kurulmasıdır. Bu çabalar işçi sendikalarının doğasının yeniden düşünülmesine odaklanır. Fikir, işçi sendikasını işlerin kaydını tutan bir tür iş ve işçi bulma kurumu vazifesi görür hale getirmektir; sendika, üyeleri için emekli maaşı ve sağlık hizmeti satın alır; en önemlisi de kreşler açıp, tartışmalar ve sosyal etkinlikler düzenleyerek işyerinde eksik olan cemaat duygusunu sağlar. Boston'daki sekreterler ve Britanya'daki komünikasyon işçileri bu tür paralel kurumlar kurmayı denemiştir.

Bu yeni moda işverenler böylelikle katılaşmış geleneksel sendikalara meydan okuyorlar. Belirli bir endüstriye ya da zanaata odaklanan muhafazakâr sendika, bir işten diğerine geçip durmak zorunda olan işçilerle teması kaybetmemek için gereken donanıma sahip değildi; Amerika'daki United Auto Workers gibi daha ileriye bakan bir sendika ise şimdi genç üniversite okutmanlarını saflarına katıyor. Geleneksel sendikalar enerjilerini büyük ölçüde ücretlerin ve maddi koşulların iyileştirilmesi yönünde harcıyor; Boston'daki sekreterler sendikası kadınların ve yalnız ebeveynlerin komünal gereksinimlerine yoğunlaşıyor. Hizmet ve kıdem eski toplumsal kapitalizmin alameti farikalarıydı ve muhafazakâr sendikalar bu zaman kılavuzunu izliyor. Paralel sendika, örneğin iş ve işçi bulma kurumu etkinlikleriyle, saçları henüz ağarmamış insanlar için deneyimlerin birbiri ardına dizildiği bir anlatı yazmayı amaçlıyor.

Deneyimleri zaman içinde birbiri ardına dizmenin ikinci yolu iş paylaşımıdır. Bu konuda Hollandalılar öncü olmuştur. Taşeron kullanımından ve işlerin gelişmekte olan ülkelere kayışından Hollanda da en az ABD kadar mustaripti. Hollandalıların buna yanıtı mevcut işleri ikiye ya da üçe bölen bir sistem tasarlamak oldu. İş ağı sistemi epeyce bir boş pozisyon da içeriyordu. Böylelikle insanlar, piyasa koşullarının izin verdiği ölçüde, birden fazla yarım-gün işte çalışabiliyordu. Mizaç itibarıyla, Avrupalılar arasında, kendi kendini en çok yaralayan halk olan Hollandalılar, iş paylaşımının işleyiş şeklinde pek çok hata olduğunu gördüler; fakat ilke kabul edildi ve uygulamaya geçildiğinde bu proje işverenlere oynak bir ekonomide faydalı bir araç sağladı; topluma da toplumsal içerme için bir yol açtı.

İş paylaşımı özel bir anlatı çerçevesi türü sunar. Uzun vadede kişi hep çalışmaktadır. Bu, kısa vadeli sözleşmelerin –bir işe alınıp bir işten atılmanın– neden olduğu bir yanıp bir sönen kaygıyı önler. Kişi haftanın ya da günün sadece bir bölümünde çalışıyor olsa bile, bir işinin olması özsaygısını korumasını sağlar. İş paylaşımının ilave bir avantajı da insanların aile-iş ilişkilerini, özellikle çocuk bakımını, makul ve kestirilebilir bir temelde düzene sokmasına fırsat vermesidir.

Yeni koşullar altında zamanı şekillendirmenin üçüncü yolu, insanların uzun vadeli planlar yapmasını olanaklı kılabilir. On yıl önce birkaç radikal akademisyenin zihninde parıldayıveren bir fikir olan bu politika şimdi gerçek dünyada hayata geçiriliyor.

Claus Offe ve Van Pariij'in yürüttüğü radikal versiyon, Kuzey Avrupa'nın refah bürokrasilerini, zengin fakir herkese gönlünce harcaması ya da çarçur etmesi için aynı temel gelir desteğini veren daha basit bir sistemle değiştirecek bir "temel gelir" projesiydi. Bu projeye göre tüm bireyler eğitimi, sağlık hizmetini ve emekli maaşlarını açık piyasadan satın alabilir; dahası, işsizlik sigortası ortadan kalkar çünkü geçimini sağlayacak minimum yıllık gelire herkes sahiptir. Vergiler herkesi minimum bir yaşam kalitesi düzeyinde geçindirir fakat Dadı Devlet de ortadan kalkar; eğer gelirinizi çarçur ederseniz, bu sizin sorununuzdur. Üstelik, bu temel geliri ihtiyacı olsun olmasın herkes alır; gelir tespiti ortadan kalkar.

Bu kuvvetlendirici fikirlerin gerçek dünyada hayata geçmesiyle, insanlara uzun vadeli kişisel planlama için gereken araçlar sağlama vaadi ön plana çıktı. Radikal bir öneri olan temel gelir önerisi, temel sermaye nosyonuna, yani her genç yetişkine eğitiminde veya bir ev satın alırken kullanacağı ya da zor günler için saklayacağı toplu bir nakit para vermeye dönüştü. Amerikalı hukukçu Bruce Ackerman bu değişimde son derece önemli bir rol oynadı; küp her ne kadar bir ölçüde kanaatkâr İskoç-Presbiteryenler tarafından doldurulmuş olsa da, sonuçlar, genç insanları bu şekilde tedarik edecek olan Britanya yasalarında ortaya çıktı.

Bu üç çaba da katı bir gerçekliğe işaret ediyor: Güvensizlik piyasalardaki karmaşaların istenmeyen bir sonucu değildir sadece; daha çok, yeni kurumsal model bu şekilde programlanmıştır. Yani, güvensizlik, yeni tarz bürokrasi*nin başına gelen* bir şey değildir, böyle olması amaçlanmıştır. Bu ve benzer çabalar, eski tarz toplumsal kapitalist örgütlenme içindeki zamanın bükülmezliklerine geri dönmeden, bu programa karşı koymayı amaçlar.

Politikalar anlatının kendisini ilgilendiren bir kültür ekseninde döner. Romanda iyi tasarlanmış olay örgüsünün modası geçebilir ama bu gündelik yaşamda nadiren olur; yaşam öyküleri genellikle biçimsizdir. Etnografide, aslında, insanların bize anlattığı öykülerin ne kadar tutarlı olduğundan çok, deneklerimizin deneyimlerini tutarlı hale getirmek için harcadığı çabayla ilgileniriz. Bu tek sıkımlık bir çaba değildir. Çoğu zaman bir denek, yüzeyin altında yatanı görmek için, mantıklı görünen bir öyküyü bazen birbiriyle bağlantısı olmayan parçalara ayırarak, bir hadiseyi yeniden anlatacak ve yeniden düzenleyecektir. Teknik dilde buna, anlatıcının deneyime etkin şekilde katılması ve deneyimi yorumlaması anlamına gelen "anlatı eylemliliği" denir.

Yeni kurumlarda insanlar sık sık anlatı eylemlilikleri olmadığı, yani başlarına gelen şeyi yorumlama gücüne sahip olmadıkları hissine yenik düşebilmektedir. Bunun somut nedenlerinden birini gördük; yeni kurumlarda, bürokrasinin orta katmanları çıkarılıp atıldığında, görece az modülasyona uğrayan enformasyon, merkezden çevreye geçerken el değmemiş kalabilir. Bu sürece mahkum olan insanlar sık sık, Albert Hirschmann'ın deyişiyle, kurum içinde bir sese sahip olmadıklarından yakınırlar.

İşte size zaman içinde insanlara deneyimlerini yorumlamada kültürel açıdan, uzun vadede daha fazla eylemlilik veren üç deneme. Politikalar gibi denemeler de dar çaplı fakat kültürel pratikler olarak bu denemeler son derece anlamlı.

B. İŞE YARARLIK

Kendini işe yarar hissetmek, başka insanlar için önemli olan bir şeye katılmak demektir. İşe yaramazlığın kapsamı siyasal iktisatta genişlediği için, insanlar bu durumu sivil toplumun daha enformel ilişkileri vasıtasıyla telafi edebilirmiş gibi görünebilir. Güya inişe geçmiş, orta yaşlı bir bilgisayar programcısı, örneğin bir cemaat ya da kilise organizasyonunda işe yarar bir etkinlik bulabilir. Bu yaklaşım, Robert Putnam'ın toplumsal sermayeyi konu alan ve gönüllü katılımı sorunun merkezine koyan yazılarının ulaştığı mantıki bir sonuçtur. Gönüllü olmak kuşkusuz değerli bir davranış olsa da, bu yaklaşım işe yararlığı bir hobiye indirgemeyi göze alır.

İşe yararlık açısından daha önemli değerler iki alanda ortaya çıkar: Ücretli sosyal hizmet işçileri arasında ve ücretsiz ev içi emek sarf edenler arasında.

Birkaç yıl önce, sokak çöpçülerinden, kamu sağlığı hizmetindeki cerrahlara kadar, bütün Britanya kamu hizmeti çalışanları üzerinde araştırma yapan bir görüşme projesine katılmıştım.[1] Bir kuşak boyunca bu insanlar –Amerikalı meslektaşları gibi– ağır eleştirilere maruz kalmıştı; çalıştıkları kurumların verimsizliğiyle alay edilmiş, kendileri özel girişim dünyasında başarılı olamamış insanlar muamelesi görmüştü. Konuştuğumuz insanların pek çoğu aynı zamanda kendini de eleştiriyordu; bu kamusal bürokratik piramitlerin ne kadar bükülmez olduğunu ve riskten nasıl kaçındığını içten içe biliyorlardı. Ama eleştiriye rağmen kamu hizmetinde kalmışlardı. Biz de soruyorduk: Niçin?

Köhne devlet hastanelerinde hastaların sürgülerini değiştiren göçmenlerle görüşme yapmak bana düşmüştü. Bu hastane çalışanlarının daha iyi yönetilen özel kliniklerde daha fazla para kazanabilecekken yerlerinde kalmasının nedeni statüydü. Çoğu Britanyalı, İngiltere'de devlet tarafından yönetilen sağlık hizmetleri sisteminin amacına –herkese sağlık hizmeti sunmak– saygı duyuyordu; bu göçmenlere göre kurum onlara Britanya toplumunda olumlu, kurumsal bir yer veriyordu.

Statü, sosyologların lügatindeki tarifi en zor sözcüktür belki de. Genellikle snopluğun bir eşanlamlısı olarak kullanılsa da, daha derinlerdeki değeri meşrulukla ilgilidir. Kurumlar size meşruluk bahşettiğinde statü sahibi olursunuz. İşe yarar olmak da böyle bir şeydir: Tek başına gizlice hayır işlemekten fazlasını ifade eder; herkesçe tanınmanın bir yoludur.

Başka bir görüşmeler dizisi, özel güvenlik personeli olarak daha uygun saatlerde çalışmaktansa orduda kalan rütbesiz askerlerde de aynı duygunun bulunduğunu ortaya çıkardı. Projenin başka bir dalındaki görüşmeciler ise yüksek kademeden devlet memurlarıyla

1. "The Common Good," *The Guardian*, 20 Mart 2001.

konuştu. "Niçin kalıyorsunuz?" sorusuna daha şık yanıtlar alsalar da, söylenenler aynı kapıya çıkıyordu: Kişinin kamudaki çalışması, özel alandaki çalışmasından daha fazla itibar görür. Elbet işten kaytaranlar da bulunmakta; özellikle Britanya toplu taşıma hizmetlerinde. Ama orada bile tembellere ya da zaman-hizmetkârlarına arkadaşları tarafından epey bir baskı uygulandığını gördük; bu insanların hüsrana uğramış meslektaşları, statünün bir türdeşi olan profesyonelliğe büyük önem veriyorlardı. Ve Kamu Gelirleri İdaresi ya da İçişleri Bakanlığı'nda koşullar herhangi bir insanı içkiye düşürebilse de, bu kurumların amacı, çalışmayı kamu için önemli ve dolayısıyla işçiler açısından anlamlı hale getirir.

Gönüllü hizmet şüphesiz değerli bir davranıştır. Ama burada, işe yarar işler yapanlara statü bahşeden Devlet'tir. Böylelikle devlet otorite kazanır. Daha önce gördüğümüz gibi, başı çeken kurumlar otorite ve meşruluk meselelerinden –idare edemedikleri meselelerden– hızla uzaklaşır. Ve bu toplumsal nedenle, hakikaten ilerici bir siyaset, bence, kamu hizmeti işini özel şirketlere vermektense, bir işveren olarak Devlet'i güçlendirmeye çalışacaktır.

Devlet'i olumlu bir şekilde, yani bir meşru ve işe yarar etkinlikler kaynağı olarak düşünürsek, ilerici siyaset aile içinde işe yarar işler yapan insanlarla, çocuklara bakan annelerle, yaşlı ebeveynlere bakan yetişkinlerle ilgilenebilir. Benim görüşüm, hükümetin onlara para ödemesi gerektiğidir. Putnam'ın görüşü, insanların sevdiklerine bakmaya "gönüllü" olmasının en büyük toplumsal sermaye sınavı olduğu yönündedir. Bu düşünüş türündeki hata, ev-içi işe yararlığı diğerkâmlık ile denk tutmaktır. Bakım işi sevgiyle yapılabilir fakat işin kendisinin hiçbir kamusal itibarı yoktur; görünmez bir armağandır ve bunu yapan pek çok erkek ve kadın akranlarının oluşturduğu yetişkin toplumunun dışında bırakıldığını hisseder. Devlet bakım işini ödüllendirse insanlar bu Araf'ta çalışıyor olmazdı.

Aslında her türden bakım işi ev-içi ekonomide muazzam bir zaman ve çaba dilimini temsil eder. Ekonomi, ücretli ve ücretsiz bakım işi arasına bir kama sokup ikisini birbirinden ayrı tutarak kârlı çıkmaya alışmıştı. Günümüzde, yaşlı nüfusun artması ile pek çok kadının ev dışında kariyer yapma arzusunun birleşmesi, bu eski dengeyi bozdu. Bu iki değişim de göçmen emeğinin bakım işi yapması yönünde yeni fırsatlar yarattı. Bununla birlikte, hem yaşlıların hem de gençlerin, hem duygusal açıdan hem de uygulama açısından, yalnızca aile üyelerinin sağlayabileceği bir şekilde bakılma ihtiyacı, bu trendlerin karşısında duruyor. Hakikaten ilerici bir siyaset, inanıyorum ki, bunu hem erkekler hem de kadınlar için mümkün hale getirmelidir.

İşe yararlığın bir kamu malı olduğunu reformcular bir kabul edebilse, modern ekonominin en dinamik sektörlerinin ürettiği kaygıyla ve işe yaramazlık korkusuyla savaşabilirler. Meritokrasi kültünün bu kaygıları dindirmesi, ikinci bölümde sunduğum nedenlerden dolayı olası değil; insanların işe yarar olarak kabul edilmesinin yeni yolları daha içerici bir şekilde araştırılmalı. İşe yararlık faydacı bir alışverişten daha fazlasını ifade eder. Bu simgesel bir deklarasyondur ve en çok, yönetim onu bahşettiğinde önemli hale gelir; kamu hizmetlerindeki en alt kademeden işçiye bile bunu bahşedebilecek olan ve ev alanında insanlara bahşetmeyen yönetimdir.

C. ZANAATÇILIK

Yeni kapitalizmin kültürüne karşı koyabilecek üçüncü değer, zanaatçılıktır. Yeni kapitalizmin kültürüne en radikal meydan okumayı temsil eder fakat politikada tahayyül edilmesi en güç olandır.

Zanaatçılık, kabaca yorumlandığında, bir şeyi o şeyin kendisi için iyi yapma arzusudur. Bütün insanlar bir şeyi iyi yapmanın verdiği tatmini yaşamak ve yaptığı şeye inanmak ister. Ama yeni düzen iş, eğitim, siyaset alanlarında bu arzuyu tatmin etmez, edemez. Yeni iş dünyası, bir şeyi o şeyin kendisi için iyi yapma arzusunun bir insanın yaşantısında yıllar ya da on yıllar içinde kök salmasına izin vermeyecek kadar hareketlidir. İnsanları hareketli işler için eğiten eğitim sistemi derine inme yerine kolaylığı tercih eder. Siyasi reformcu, yeni kültürü özel kurumlarda taklit ederek, yaptığı şeyle övünen ve onu sahiplenen bir zanaatçıdan çok, sürekli yeni şeyler arayışında olan bir tüketici gibi davranır.

Zanaatçılık, yeni iş ve eğitim kurumlarının ve de siyasi kurumların gerektirdiği idealleştirilmiş benliğe meydan okur. Bu, değişim konusunda usta bir benliktir, bir süreç ustasıdır. Abraham Maslow gibi psikologlar başlangıçta bu benlik idealini hevesli, deneyime açık, büyüme kapasitesine sahip bir potansiyel güçler benliği olarak tanıtıp övmüşlerdir. Bu idealleştirilmiş benliğin aslında gerçek ve apaçık güçleri vardır ve zanaatçının alanı belli şekillerde daha küçük ve daha korunaklıdır. Bir şeyi doğru yapma endişesi benliğin takıntılı unsurlarını harekete geçirir; bir şeyi iyi yapmak, o zaman, bencilce bir sahipleniciliğe yol açabilir. Rekabet, zanaatçılığın yabancısı olduğu bir şey değildir ve iyi zanaatçı, ister bilgisayar programcısı, ister müzisyen, ister marangoz olsun, yetersiz olanlara ya da sadece o kadar iyi olmayanlara karşı bile son derece hoşgörüsüz olabilir.

Tüm bu sebeplerden dolayı zanaatçılık, yeni kültürün idealleştirilen işçisinde, öğrencisinde ya da yurttaşında eksik olan önemli bir değere sahiptir: bağlılık. Bu, takıntılı ve rekabetçi zanaatçının bir şeyi iyi yapmaya kendini adayabilmesinden çok, yaptığı şeyin nesnel değerine inandığı anlamına gelir. Bir insan, ancak ve ancak, kendi arzuları dışında, hatta başkalarının vereceği ödüller alanı dışında duran bir objektif standarda inanıyorsa bir şeyin ne kadar iyi yapıldığını tarif etmek için *doğru* ve *düzgün* sözcüklerini kullanabilir. Bir şeyi, size hiçbir şey kazandırmasa da doğru yapmak, hakiki zanaatçılığın özüdür. Ve ancak menfaat gözetmeyen böyle bir bağlılık insanları duygusal olarak kuvvetlendirebilir – en azından ben böyle düşünüyorum; aksi halde insanlar hayatta kalma mücadelesinde yenik düşerler. Yeni kapitalizmde bağlılığın, kurumsal sadakat açısından bakıldığında, niçin giderek daha az bulunur hale geldiğini zaten görmüştük. Bunun aksi akıl dışı olurdu – sana hiçbir söz vermeyen bir kuruma nasıl bağlanabilirsin? Bağlılık, yeni kültürün yetenek reçetesinde de eşit derecede sakıncalı bir malzeme. Kendini adamak, zihinsel hareketliliğe ters düşer; yetenek, sorunu bulma değil sorunu çözme egzersizi olan SAT'de olduğu gibi, işlem tekniğine odaklanmıştır. Bu, kişinin gerçeklikle ilgisinin kendi kontrolü dışında kesildiği anlamına gelir.

Bağlılık süreç-olarak-benlik konusunda daha derin bir soru atar ortaya. Bağlılık, kapanmayı, yani tek bir şey üzerinde yoğunlaşma uğruna olasılıklardan vazgeçmeyi gerektirir. Bir fırsatı kaçırabilirsiniz. Oysa, ortaya çıkmakta olan kültür bireylere fırsatları kaçırmamaları yönünde muazzam bir baskı uyguluyor. Kültür, kapanma yerine feragati –özgür olmak için bağları, özellikle de zaman içinde geliştirilmiş bağları koparmayı– nasihat ediyor.

Bu yüzden, bu sayfalarda incelemeye çalıştığım şey bir paradokstur: Giderek daha da yüzeyselleşen bir kültür vasıtasıyla kazanılmış iktidarın oluşturduğu yeni bir düzen. İnsanlar yaşama ancak ve ancak bir şeyi o şeyin kendisi için iyi yapmaya çalışarak demir atabildiğine göre, işyerindeki, okullardaki ve siyasetteki yüzeyselliğin zaferi bana kırılgan görünüyor. Bize bir sonraki temiz sayfayı açacak olan belki de aslında bu zayıflatılmış kültüre isyan etmek.

Dizin

T

U-Ü

V

W-X

Y

Ayrıntı Yayınları
Şubat 2009